보다_ 예배다운 예배를 꿈꾸다

보다 예배다운 예배를 꿈꾸다
ⓒ 생명의말씀사 2020

2020년 11월 30일 1판 1쇄 발행

펴낸이 | 김재권
펴낸곳 | 생명의말씀사

등록 | 1962. 1. 10. No.300-1962-1
주소 | 서울시 종로구 경희궁1길 6 (03176)
전화 | 02)738-6555(본사) · 02)3159-7979(영업)
팩스 | 02)739-3824(본사) · 080-022-8585(영업)

지은이 | 양명호

기획편집 | 유선영, 서정희, 장주연
디자인 | 김혜진
인쇄 | 영진문원
제본 | 정문바인텍

ISBN 978-89-04-16735-7 (03230)

저작권자의 허락없이 이 책의 일부 또는 전체를
무단 복제, 전재, 발췌하면 저작권법에 의해 처벌을 받습니다.

보다_ 예배다운 예배를 꿈꾸다

양명호

Spirit &
Practices of
Worship

모여서 예배하든
흩어져 예배하든
우리는 정말 예배하고 있는가?

예배는
과거를 기억하고
현재에 감사하며
미래를 소망하는
축제의 현장이다

추천사

우리는 하나님 앞에 어떤 응답으로 나아가고 있는가?

예배의 정신과 실제에 관한 이 책의 한 부분, 한 부분은 어느새 인간의 규범에 따라 정착되어 개별적 화석화로 진행되어 버린 나의 예배 개념과 관점을 다시 돌아보게 했다. 30년 전 경배와찬양 사역 초창기 시절 저자와 함께 기도와 사역을 삶으로 삼아 하나님을 향한 열정을 나누던 20대 후반을 지나, 이제는 세월을 따라 그 깊이까지 더해져 가는 하나님의 은혜를 '예배'라는 행복한 관심사를 통해 서로 나눌 수 있도록 인도하신 하나님께 감사드린다.

다음 세대 사역자를 양성하는 대학 현장에서 지금도 학생들과 나누는 가장 많은 내용 중 하나는 "예배의 목적은 우리의 응답이다"라는 것이다. 이 문장을 이 책 목차에서 발견한 순간, 목말라 있던 나에게 큰 단비가 내렸다.

"우리는 하나님 앞에 어떤 응답으로 나아가고 있는가?"라는 질문으로 시작해 어떤 응답으로 나아가야 할 것인가에 대한 과감하면서도 단도직입적인 나늚은 어느새 나의 심장을 향해 날아들었고, 단숨에 책을 읽어 내려가는 동안 나의 심장이 예수 그리스도의 심장으로 변화되어 응답하고 있음을 발견하게 되었다. 책을 읽는 내내 거룩한 두근거림의 연속이었다.

하나님을 믿고 예배드리는 주님의 자녀는 물론이고, 특별히 예배 사역에 관련된 모든 사역자는 저자의 전작인 『참으로 예배하고 싶다』와 함께 이 책을 필독서이자 예배 사역 지침서로 활용하기를 강력하게 추천한다.

― 김 문 택 (전주대학교 인문대학 경배와찬양학과장)

거룩한 예배자로 서기를 소망하는 이들이 반드시 읽어야 하는 필독서

예배 내용의 신학적 틀이 없으면 예배의 본질을 잃어버리기 쉽다. 그래서 저자는 예배의 본질을 찾기 위하여 예배의 성경적, 역사적, 신학적 고찰을 통해서 본질을 떠나지 않으면서 시대에 맞게 적용할 수 있는 예배의 원리를 제시해 준다.

이 원리에 따라 예배의 실제 속에 나타나는 순서들을 살펴보며 그 의미를 새롭게 해석함으로써 전통 속에 젖어 있는 예배자들을 익숙함에서 깨어나 참으로 예배하고 싶어 하는 마음으로 인도해 준다. 예배에 대해서 더 알기 원한다면 저자의 이전 저서인 『참으로 예배하고 싶다』와 함께 읽기를 권한다. 예배자의 태도와 마음을 알게 되어서 예배신학자로서 저자의 의도와 전문성에 좀 더 폭넓은 도움을 받을 수 있을 것이다.

예배의 본질과 실제를 우리 시대 가운데 어떻게 접목해야 하는지에 대해서 고민하고 있는 목회자와 거룩한 예배자로 서기를 소망하는 신자들이 반드시 읽어야 할 필독서다.

– 김 형 준 (서울 동안교회 담임목사)

예배다운 예배를 드리기 원한다면

한국 교회의 예배 형태는 역사와 함께 변화되어 왔다. 대부흥운동으로부터 시작해 일제에 의한 박해 시기, 그리고 한국전쟁 후의 급성장 시대를 거치면서 한국 교회의 예배 형태는 예배의 본질과는 상관없이 시대에 따라 변화되어 왔다.

또한 한국 교회는 현실적으로 교회 성장을 최고의 목표로 삼고 있다. 경쟁적인 목회 현장에서 교회를 성장시키기 위해서 다양한 방법을 충분한 검토 없이 예배에 동원하고 있다. 예배를 받으시는 하나님보다는 사람 중심의 모임으로 변질되어 가고 있다.

『보다 예배다운 예배를 꿈꾸다』는 이런 문제점들에 대해 신선한 충격을 주는 책이다. 이 책은 예배에 대한 정의와 함께 실제적인 예배 순서 하나하나에 대한 신학적인 고찰을 담고 있다. 예배다운 예배를 드리기 원한다면 꼭 읽어보기를 추천한다.

― 김성준 (홍콩동신교회 담임목사)

모이는 예배가 어려운 상황 속에서 참된 예배는 과연 무엇인가?

저자는 예배의 중심이 하나님이심을 강조함으로써 '습관적인 종교 행위'가 아닌 '기쁨과 감사가 넘치는 참다운 예배'의 회복을 촉구하고 있다. 그는 예배 안에 있는 요소들을 하나씩 짚어 가면서 그 중심이 철저하게 하나님께 있는지를 묻고 있다. 예배는 과거와 현재, 미래를 포함한 모든 시간 속에 드러난 하나님의 성품과 우리에게 베푸신 은혜에 기쁨과 감사로 응답하는 것이다. 저자는 예배에서 기쁨과 즐거움의 감정이 주된 느낌이 되어야 한다고 말한다.

오늘날 코로나19 사태로 예배당에서의 예배가 멈추어진 시기에 기쁨과 감사가 넘치는 예배에 대한 저자의 말은 특별한 울림이 있다. 모이는 예배가 어려운 상황 속에서 우리는 참된 예배가 무엇인가를 고민하지 않을 수 없다. 지금 우리에게는 회개와 애통의 마음도 필요하지만, 그럼에도 불구하고 예배는 하나님의 선하심과 인자하심으로 말미암아 나타날 일들에 대해서 기대하며 기쁨으로 드려져야 한다. 저자를 통해서 우리는 예배의 목적과 이유가 하나님께 있음을 다시금 깨닫게 된다. 이 책의 독자들이 진정으로 하나님만 높이는 예배, 하나님에 대한 기쁨과 감사가 넘치는 즐거움의 예배를 회복하게 될 것을 기대한다.

— 임 성 빈 (전 장로회신학대학교 총장)

시작하는 말_

예배의 예배다움을 꿈꾸며

우리에게 익숙해진 예배 순서에 혹 작은 변화라도 생기면 아마도 우리는 그것을 바로 알아차리고 낯설어할 것이다. 누군가는 그 변화에 당황스러워하거나 혹은 '그렇게 해도 되나?' 하는 두려운 마음마저 들 수도 있다. 익숙함에서 조금 벗어난 작은 일에도 그럴진대, 하물며 다음 주면 당연히 예배당에 또다시 함께 모여 예배하는 것이 더 이상 당연한 일이 아닌 것이 된 현실은 우리를 당혹스럽고 어찌할 바 모르게 만들지 않겠는가. 함께 모여 하나님을 예배하는 것은 우리에게는 참으로 소중한 일이기에 우리가 맞닥뜨린 이런 상황은 너무나도 고통스럽기까지 하다. 혹 누군가에게는 마치 신앙의 근간이 흔들리는 일 같아서 더욱 그럴지도 모른다.

이런 현실은 이런저런 감정이 교차하게 한다. 우리에게는 그 어떤 것과도 비교할 수 없이 보배로운 예배 모임이 이 시대의 어떤 사람들에게는 걱정거리처럼 여겨지거나 비판의 대상까지 되는 상황은 우리의 마음을 불편하게 하고, 또 매우 아프게도 한다.

'그동안 예배당에 함께 모였을 때 우리는 정말로 예배하고 있었던가?' 하고 스스로에게 묻기도 한다. '일주일에 한 번 예배의 자리에 와 있는 것을 신앙의 전부인 양 여기고 있었던 것은 아닐까?'도 묻는다. '주일 예배 모임에 참석하고 나면 예배자로서의 삶은 그것으로 됐다고 생각하며 살아오지는 않았을까?' 하고 질문하기도 한다. 이 시대의 상황이 우리 속에서 이런 질문들을 끄집어내고 있다면, 우리가 겪고 있는 이 시대의 원치 않는 현실은 우리에게 거룩한 기회도 된다. 예배다운 예배로의 갱신이라는 거룩한 기회 말이다.

우리는 그동안 적어도 일주일에 한 번은 예배당에 모여 예배했다. 하지만 예배에 대해 배운 기억은 아마도 거의 없으리라 생각한다. 이런저런 성경 공부와 훈련 프로그램은 넘쳐 나지만 예배에 대한 교육은 거의 없다.

그럼에도 각자가 자신의 예배론 혹은 예배 신학이라고 할 수 있는 생각을 갖고 있다. 예배에 대한 확고한 신념이 있다는 표현이 더 어울릴까? 아무튼 이 신학이나 신념은 교육을 통해서 얻은 것이라기보다는 오랜 경험과 익숙함으로부터 각자에게 저절로 생겨난 것들이다. 늘 반복해서 해오던 일로부터 스스로 신학화가 일어난 셈이다. 이렇게 해서 생긴 개인의 예배 신학은 예배에 대한 판단의 기초가 되기도 한다.

그동안 자신에게 익숙했던 것과는 조금이라도 다른 새로운 시도들에 대해서는 단순한 낯섦을 넘어 불편하고 두렵기까지 한 감정을 가질 수도 있다. 어쩌면 이런 것들을 오류 또는 이단으로 여길 가능성도 있다. 물론 예배에 대해 특별한 관심이 없는 사람에게는 이렇든 저렇든 그다지 문제 될 것이 없겠지만 말이다.

오래전 한 교회에서 사역할 때 새로운 예배 순서로 예배할 기회가 있었다. 그날 예배를 마친 후 한 장로님이 다가와서 상기된 목소리로 이야기하셨다. 설교 전에 헌금 순서가 있었는데 그렇게 해도 되는지 걱정 어린 표정으로 물으셨다. 처음 예수님을 믿은 후 한 교회에서만 20년 넘게 신앙생활을 해오신 분이었다. 그 교회 예배 순서에서 헌금 시간은 늘 설교 후에 있었다. 그 긴 세월 동안 반복하며 마치 진리인 양 굳어진 예배 순서에 어느 날 등장한 매우 작은 변화 하나가 그

분께는 불편했고 또 두려운 마음까지 들게 했던 것이다.

　이제는 우리가 다양한 예배 현장을 경험할 기회가 많아지면서 그동안 오래 익숙했던 예배 순서나 예배 표현과는 다른 경우에 대해 좀 더 열린 마음으로 대하게 된 듯하다. 하지만 이런 다양성에 대한 포용은 또 다른 문제를 야기하기도 한다. 어떤 새로운 예배 행위나 표현 방식에 신선함이나 감동을 느끼면 그다지 진지한 고민 없이 예배 모임에 적용하는 문제다. 뿐만 아니라 예배가 아닌 교회의 다른 영역에 속한 일들이 예배와 섞여서 예배 현장에 행해지는 문제도 있다. 즉 예배 행위, 종교 행위, 교회의 기능들이 구분 없이 뒤섞인 예배 현장이 쉽게 발견된다.

　물론 다 선한 의도에서 시작했을 것이다. 하지만 이런저런 일들이 예배 모임에 포함되다 보면 예배를 매우 중요한 일로 여기며 열심을 냈다고 해도 결국은 예배의 본질에서 벗어난 종교 행위에 열정을 쏟은 데 그칠 수 있다. '예배'라는 이름에 어울리는 예배다운 예배를 그려 보는 이유가 여기에 있다.

'예배의 예배다움.'

이것이 이 책을 쓰면서 그리는 꿈이다. 예배의 예배다움은 우선 예배자에게 달려 있다. 예배다움으로의 갱신은 예배자로부터 시작되기 때문이다. 그래서 필자의 이전 책 『참으로 예배하고 싶다』(생명의말씀사, 2013)는 성경에 드러난 '예배자'를 향한 하나님의 마음에 주목했고, 이 책 『보다 예배다운 예배를 꿈꾸다』는 우리의 '예배 모임'에 주목한다.

모든 일이 그렇듯, 예배다운 예배도 기본에 충실함에서 시작되는 단순한 일이다. 우리가 무엇을 하기 위해 예배의 자리에 왔는지부터 생각하면 되는 일이다. 그래서 이 책 제1부에서는 예배가 무엇인지에 대해 다시 생각해 본다. 이를 바탕으로 제2부에서는 우리에게 익숙한 예배 현장 속의 순서(요소)들을 다시 생각해 본다. 주로 '전통적인' 예배 스타일의 요소들을 살펴보겠지만, '현대적인' 스타일로 예배하는 현장에도 동일하게 적용되는 내용이다. 교회마다 예배 요소가 똑같지는 않기 때문에 모든 요소를 다 다루지는 않았다. 하지만 다루지 않은 요소라 할지라도 적용되는 토대는 동일하다고 본다.

  이 작은 책이 예배를 다시 돌아보게 하는 기회를 만들 수 있기를 소망한다. 현재의 예배에서 부족함이나 적절하지 못한 부분이 발견된다면 예배의 회복이 일어나기를 꿈꾼다. '늘 이렇게 해왔다'는 익숙함에 갇혀 고립되어 있는 모습을 찾았다면 그곳에서부터 예배의 갱신이 일어나기를 꿈꾼다. '예배'라는 이름에 어울리는 예배다운 예배를 꿈꾼다.

홍콩중문대학교 신학원에서

양 명 호

CONTENTS

추천사 6
시작하는 말_ 예배의 예배다움을 꿈꾸며 10

예배의 정신을 다시 생각하며
Spirit of Worship

01	예배의 목적은 우리의 응답이다 Our Response	— 20
02	예배의 현장은 하나님과의 특별한 만남이다 Special Encounter with God	— 32
03	예배의 중심은 하나님이시다 God-centeredness	— 44
04	예배의 주체는 예배자 모두이다 Participation of All	— 64
05	예배의 느낌은 하나님을 즐거워하는 기쁨이다 Joyful Celebration	— 82

예배의 실제를 다시 생각하며
Practices of Worship

01	예배로의 부름	Call to Worship	—	94
02	예배 기원	Invocation	—	106
03	신앙고백	Affirmation of Faith	—	110
04	참회의 기도	Confession of Sins	—	118
05	찬송	Congregational Song	—	136
06	기도	Prayer	—	144
07	헌금	Offering	—	150
08	성가대 찬양	Choir Anthem	—	162
09	설교	Sermon	—	168
10	축도	Benediction	—	178
11	광고	Announcements	—	184

주 194

PART 1

예배의 정신을 다시 생각하며

Spirit of Worship

01

예배의 목적은
우리의 응답이다

Our Response

예배란 무엇인가?
예배는 하나님께 응답하는 것이다

주일이 되면 그리스도인들은 함께 모여 예배한다. 하나님을 향한 열정으로 예배한다. 물론 특별한 기대나 목적 없이 습관적으로 모이는 사람들도 있다. 어떤 사람은 하는 수 없이 억지로 교회에 와서 지루하게 시간만 보내고 돌아가기도 한다. 주일 예배를 빠지면 왠지 마음이 편하지 않아 종교적인 의무감으로 오는 경우도 있다.

또 어떤 사람은 주로 설교를 통해서 문제 해결이나 어떤 유익, 혹은 소위 '은혜' 받기 위해서 오기도 한다. 그런 경우 설교에서 무언가를 느끼지 못하면 그날의 예배는 허탕이었다고 생각한다. 그러다 보니 설교 이외의 순서들은 별로 중요하게 생각하지 않고 설교를 위한 준비 작업처럼 여기기도 한다.

심지어 설교자조차 그렇게 생각하기도 하나 보다. 회중이 마음을 다해 찬양하며 예배하고 있는 시간에 자신이 설교할 원고에 집중하고 있는 설교자의 모습이 발견되는 것을 보면 그렇다. 설교를 통해 회중을 감동시키고 무언가를 공급해 주고자 했으나 설교가 생각보다 감동이나 영향력이 없었다고 느끼면 설교자도 그날의 예배는 허탕쯤으로 생각하기도 하는 것을 보면 그렇다. 어쩌면 설교가 예배 모임에서 가장 긴 시간을 차지하고 있어서 설교가 곧 예배인 양 오해가 생긴 것도 같다. 그래서인지 설교 시간 바로 전에 예배당에 왔다가 설교가 끝난 후에 자리를 뜨는 사람들도 있다.

하지만 설교는 결코 예배의 중심이 아니다. 설교자는 예배자를 설교를 들으러 오는 자로 여기지 말아야 하고, 예배자도 스스로를 설교를 듣기 위해 오는 자로 여기지 말아야 한다. 설교자도, 예배자도 모두 예배하러 오는 사람이다.

예배란 무엇인가? 예배는 하나님께 응답하는 것이다. '아! 하나님은 이런 분이시지. 아! 하나님이 이렇게 하셨지' 하면서 하나님이 하신 일을 기억하고 기념하며 선포하는 것이 예배다. 하나님의 성품과 역사하심에 대해 감사와 찬양과 헌신의 고백으로 응답하는 것이 예배다. 노래를 부르든, 찬양의 시를 읽든, 기도하든, 말씀을 선포하든, 예물을 드리든 그 방법과 형식이야 어떠하든 하나님이 누구신지와 어떤 일을 하셨는지, 또 지금도 어떤 일을 하시는지에 대해 우리가 반응하며 응답하는 것이 예배다.

그 응답을 표현하는 방법과 형식에 있어서는 시대, 문화, 상황, 회중의 성향 등 모든 것이 녹아진 다양성이 존중되고 또 요구되지만, 이를 통해서 드러내려는 내용은 바로 하나님이시다. 우리의 응답, 즉 하나님의 하나님 되심을 인정하고, 선포하고, 감사하고, 높이고, 즐거워하는 것이 예배다.

그러므로 주일이 되었으니 늘 하던 대로 예배하러 가는 것이 아니라, 하나님께 드릴 감사와 찬양의 응답을 들고 나오는 것이 예배자에게 필요한 자세다.

예배의 자리에서, 우리는 우리가 배워서 알고 또 경험한 하나님의 성품을 생각하며 그에 대한 반응으로 '찬양'의 제물을 들고 나와 쏟아 낸다. 예배의 자리에서, 우리는 받은 은혜를 생각하며 그에 대한 반응으로 '감사'의 제물을 들고 나와 하나님 앞에 쏟아 낸다. 이 일을 통해 하나님이 높임을 받으신다. 이것이 예배다.

은혜를 얻기 위해서가 아니라 은혜를 이미 얻었기에 감사로 응답하는 것이 예배다. 이것이 어쩌면 기독교 예배와 다른 종교의 '예배'의 차이점일 것이다. 다른 종교에서는 그들의 신으로부터 은혜, 도움 등을 얻고자 그들 방식의 '예배'를 한다. 하지만 기독교 예배는 우리의 요구가 아니라 우리의 응답이다. 예배는 나로 인해 시작되는 것이 아니라, 언제나 하나님으로 인해 시작된다. 나의 필요에서 출발하지 않고 하나님, 하나님의 사랑, 구원, 은혜 등에 기인한다.

그렇다면 하나님으로부터 받은 은혜가 없다고 느낀다면 그래도 우리는 예배할 수 있을까? 우리의 삶은 하나님의 다스리심 아래 있기에 그럴 리는 없지만, 그래도 그렇게 느낄 수 있다. 그때도 예배할 수 있을까?

예배의 이유를 내 삶이 어떠한가에 대한 나의 느낌에 둔다면 예배하기를 기대하기 어렵다. 그러나 예배의 이유가 하나님이 어떤 분이신가에 있다면 예배할 수 있다. 그렇다. 우리는 충분히 상황이나 느낌에 이끌리지 않고 예배할 수 있다. 이미 맺어진 하나님과 나의 언약 관계에 근거해 예배한다면 그렇다. 예배할 수 없음이 당연할 것만 같은 상황에서도 예배할 수 있다. 굳이 욥의 예를 들지 않더라도 말이다.

예배의 근거는 하나님께 있다. 요한계시록의 예배 장면을 보자.

"네 생물은 각각 여섯 날개를 가졌고 그 안과 주위에는 눈들이 가득하더라 그들이 밤낮 쉬지 않고 이르기를 거룩하다 거룩하다 거룩하다 주 하나님 곧 전능하신 이여 전에도 계셨고 이제도 계시고 장차 오실 이시라 하고 그 생물들이 보좌에 앉으사 세세토록 살아 계시는 이에게 영광과 존귀와 감사를 돌릴 때에 이십사 장로들이 보좌에 앉으신 이 앞에 엎드려 세세토록 살아 계시는 이에게 경배하고 자기의 관을 보좌 앞에 드리며 이르되 우리 주 하나님이여 영광과 존귀와 권능을 받으시는 것이 합당하오니 주께서 만물을 지으신지라 만물이 주의 뜻대로 있었고 또 지으심을 받았나이다 하더라"(계 4:8-11).

하나님의 거룩하심과 전능하심과 영원히 존재하심 그 자체가 요한계시록의 예배 장면에서 발견한 예배의 이유다. 주의 뜻대로 만물을 지으셨다는 사실만으로도 예배의 충분하고도 마땅한 이유가 됨을 우리에게 가르쳐 준다. 하나님이 내게 어떤 은혜를 베풀어 주셨다는 특별한 느낌이 있어야 예배할 수 있는 것이 아님을 알려 준다(물론 그런 느낌이 있다면 우리의 예배 태도는 더욱 달라지겠지만).

요한계시록에 기록된 예배 장면은 우리에게 궁극적인 예배의 모습을 보여 준다. 우리가 예배에 대해 궁금해하는 여러 질문에 답해 줄 모든 정보를 찾을 수는 없으나 우리의 예배가 어떠해야 하는지, 예배의 본질은 명확히 보여 준다. 즉 하나님의 하나님 되심으로 인해 찬양으로 응답하는 것이 예배다.

그러므로 예배를 디자인하고 준비할 때나 예배할 때 가장 중요하고도 우선적으로 생각해야 하는 것은 '우리의 예배가 하나님을 향한 우리의 응답인가?'이다. 예배 인도자의 말, 찬송하는 노래의 가사,

기도의 내용, 설교의 내용, 그리고 몸의 움직임까지 모두 오직 하나님께 감사, 찬양, 헌신의 고백으로 응답하고 있는가를 생각해야 한다는 의미다.

요한계시록의 예배 장면을 우리의 예배 장면에 비춰 보면 우리가 진정으로 예배하고 있는지 알게 될 것이다. 예배는 하나님께 응답하는 일 이외에 다른 어떤 목적을 위한 수단으로 사용되기를 거부한다. 예배는 그 본래의 목적이 희미해지거나 망각되어 '은혜로운' 종교 행사로 변질되는 것 또한 거부한다. 예배의 예배 됨은 예배를 통해 우리에게 어떤 유익하거나 선한 일이 일어났는지, 일어나지 않았는지에 있지 않다. 우리에게 그런 느낌이 있었는지, 없었는지에도 있지 않다. 하나님의 하나님 되심을 높이며 그에 마땅한 응답을 했느냐에 달려 있다.

우리가 소중히 여기는 예배가 혹 하나님을 향한 응답이 아닌 다른 것들로 채워져 있지는 않은지 생각해 보자. 예배로 모인 자리에서 열심을 내서 무엇인가를 하고, 심오한 진리를 깨닫고, 또 감동을 받을 수도 있으나, 하나님을 향한 감사와 찬양의 응답이 없다면 하나님을 예배함은 없다고 말할 수 있다.

예배를 하나님 앞에 나와 찬양하고, 은혜를 받아 누리고, 치유를 경험하고, 영적인 회복을 느끼고, 평안을 얻고, 또 한 주간 살아갈 힘을 얻는 시간으로 생각한다면 예배의 목적과 예배로부터 얻을 수 있는 유익이 혼합되어 버린 것이다. 예배로 인해 그런 유익을 누릴 수 있으나, 그런 유익을 얻는 것은 예배의 이유도 아니고 목적도 아니다. 예배의 목적과 예배로부터 얻을 수 있는 유익이 혼재된 예배 인식은 예배에 적절하지 않은 요소들을 예배 모임에 용납하는 결과를 초래하고 만다. 그 대가는 예배다움을 잃어버린 예배다. 예배는 하나님을 향한 우리의 감사와 찬양의 응답이다.

하나님의 응답이 있어도, 없어도 예배다

우리가 그렇게 예배할 때 하나님도 우리의 예배에 응답하시는가? 우리의 감사와 찬양의 응답에 하나님은 응답하시는가? 예배는 우리의 응답과 하나님의 응답으로 이루어진 것인가?

예배는 하나님과의 대화이며, 그러므로 예배자의 응답과 하나님의 응답(혹은 계시)으로 이루어져 있다고 주장하기도 한다. 예배의 어떤 순서는 우리로부터 하나님께로 올라가는 우리의 응답이며, 또 어떤 순서는 하나님으로부터 우리에게로 내려오는 하나님의 응답(혹은 계시)이라는 주장이다. 예를 들어 '예배로의 부름', '성경 봉독', '설교',

'축도' 등은 하나님으로부터 우리에게로 내려오는 시간이고, '기도', '찬양', '헌금' 등은 우리로부터 하나님께로 올라가는 시간이라는 말이다.

또한 인위적인 구분이기는 하나 예배 전체를 크게 네 부분으로 나누어서 하나님의 계시(혹은 응답)와 우리의 응답의 연속으로 이해하기도 한다. 예배의 네 부분은 '모임'(Gathering), '말씀'(Word), '응답'(Response) 혹은 '성찬'(The Lord's Supper), 그리고 '파송'(Sending)이다. 즉 하나님의 부르심에 우리가 응답해서 모이고, 이어서 하나님이 우리에게 말씀으로 계시하시고, 우리는 그에 또 응답하고, 이어서 하나님이 우리를 세상으로 보내신다는 것이다. 예배 시간에 하나님과 사람이 이렇게 대화를 주고받는다는 견해다. 이런 주장은 다음을 전제로 한다. "모든 만남에는 만나는 당사자 간의 대화가 있기 마련인데, 예배는 우리와 하나님의 만남이므로 주고받는 대화가 있다."

예배가 그렇게 흘러가면 얼마나 좋을까? 우리는 하나님의 음성 듣기를 갈망한다. 하나님과 만나서 대화하며 교통하기를 소망한다. 그것은 얼마나 큰 복인가? 하물며 하나님을 예배하러 모인 시간에야 얼마나 더 그럴까.

하지만 예배의 현실은 그렇게 단순한 대화의 틀에 맞추어 이루어지지 않는다. 그런 아름다운 대화는 우리의 경험이나 성경의 예와도 거리가 있다. 우리의 실제 경험이든, 성경 속의 사례든 하나님과의 관계에서는 사실 독백이 대부분이다. 하나님의 응답을 좀처럼 들을 수 없는 끊임없이 반복되는 듯한 기도가 있는가 하면, 하나님 편에서도 마찬가지인 경우가 있다. 백성의 응답이 없는 독백처럼 그분은 선지자들을 통해서 말씀하시기도 한다. 그러므로 "만남에는 대화가 있다"는 전제 아래 예배가 하나님과 우리가 주고받는 대화로 이루어진다는 주장은 매우 피상적이고 인위적인 생각이다.

더구나 우리의 예배함에 하나님이 꼭 응답하셔야 하는 것은 아니다. 우리의 예배는 하나님의 응답(혹은 계시)을 요구하는 시간이 아니다. 하나님은 우리에게 응답하셔도 되고, 응답하시지 않아도 된다. 물론 우리는 하나님의 응답을 갈망한다. 하지만 우리의 응답만으로도 우리는 하나님을 예배한 것이다. 예배는 하나님이 이미 계시하셨고, 이미 베풀고 행하신 일에 대한 우리의 응답이기 때문이다. 구약의 용어를 사용한다면, 하나님이 우리의 예배함을 흠향하시면 그것으로 우리의 예배의 일은 된 것이다. 하나님이 우리의 예배로 인하여 즐거워하시면 된다. 우리는 그렇게 하실 것을 믿고 기대하며 예배의 자리에서 하나님께 감사와 찬양의 응답을 한다.

하나님이 우리의 예배에 응답하기를 원하신다면, 우리가 정해 놓은 예배 순서에 따라 기계적으로 응답하시는 것이 아니다. 하나님의 응답은 우리가 계획한 차례에 맞추어 프로그램처럼 작동되지 않는다. 하나님이 응답하실 순서를 우리가 정할 수는 없지 않은가. 그것은 인위적인 일일 뿐만 아니라 옳은 일도 아니다. 하나님이 응답하기 원하시면 하나님의 뜻에 따라 하나님의 방법으로 하실 것이다. 예배 중 어느 때든 일어날 수 있고, 예배가 마치고 일어날 수도 있다. 우리로부터 하나님께로 올라가는 순서라는 '기도' 시간에 하나님이 응답하실 수도 있다. 하나님은 교회 전체에게 응답하실 수도 있고, 개인에게 각각 다르게 응답하실 수도 있다.

하나님의 응답은 우리의 권한 밖의 일이다. 우리는 오직 하나님이 예배 가운데 임재하심을 믿고 예배하고, 하나님이 하나님에 대한 우리의 감사와 찬양의 응답을 받으실 것을 믿고 예배한다. 하나님의 응답이 있어도 예배이고, 없어도 예배다. 물론 그럼에도 우리는 예배 중에 하나님이 응답하실 것을 갈망한다.

예배는 하나님을 향한 우리의 응답이다. 하나님께 올리는 우리의 감사와 찬양의 응답이다. 우리가 예배로 모일 때 언제나 하나님을 그렇게 예배하기를 소망한다.

보다 예배다운
예배를 꿈꾸다
SPIRIT &
PRACTICES OF
WORSHIP

… 02

예배의 현장은
하나님과의
특별한 만남이다

Special Encounter with God

SPIRIT &
PRACTICES OF
WORSHIP

예배는 하나님의 특별한 임재 안에 있는 시간이다

하나님께 감사와 찬양의 응답을 드리러 온다는 것은 '우리가 예배할 때 하나님이 그 예배 현장에 계신다'는 믿음을 전제한다. 그곳에서 우리는 하나님을 만난다. 단지 만남이 아니고 '특별한 만남'이라고 부르고 싶다. 왜냐하면 우리가 매일 일상에서 개인적으로 하나님을 만나고 알아가는 경험이나 지적인 만남과는 다른 만남을 경험할 수 있는 시간이기 때문이다.

하나님의 임재에 대해 생각해 보자. 하나님은 어디에나 계신다. 어제나 오늘이나 내일이나 영원토록 계신다. 우리는 이것을 '무소부재하신 하나님의 임재' 혹은 '하나님의 편재'(遍在, omnipresence)라고 부르기도 한다. 우리는 하나님을 언제 어디서나 만날 수 있다. 그래서 예배 현장에서 경험할 수 있는 임재를 '현현'(顯現, manifestation), 즉 특별히 드러내 보이시는 하나님의 임재라고 부를 수 있다. 일상에서 경험하는 임재와는 다른 임재의 경험이기에 현현이라고 할 수 있다.

예배 모임은 편재하신 하나님이 우리를 특별히 만나 주시는 현현의 현장이다. 하나님이 모세에게 하신 말씀이 이를 잘 나타내 준다. 출애굽기에서 하나님은 특별한 장소를 가리키면서 모세에게 말씀하셨다.

"내가 거기서 너희와 만나고 네게 말하리라"(출 29:42).

어느 곳에나 계신 하나님이 특별한 장소에서 하나님 자신을 드러내 만나 주시며 경험하게 하시겠다는 말씀이다. 여기서 특별한 장소란 하나님께 제사를 드리기 위해 만든 회막(會幕)이다. 하나님과 사람이 제사를 통해서 만나는 만남의 장소다.

회막에서 하나님의 편재가 제사드리는 자에게 국지적으로 현현했다. 회막에서 하나님께 제사드리는 자는 일상 속에서 경험하는 편재라는 하나님의 임재와는 또 다른 임재의 경험, 즉 자신을 특별히 드러내시는 현현을 통한 하나님의 가까이하심을 느끼고 깨달았을 것이다. 어쩌면 당시의 이스라엘 백성에게 하나님의 임재는 편재가 아닌 현현의 경험뿐이었는지도 모른다. 모세조차도 하나님의 임재를 혹 그렇게 이해하고 있었을까?

이스라엘 백성이 광야를 지나는 중 모세가 산꼭대기에서 하나님께로부터 율법을 받을 때 그들은 산 아래에서 송아지 우상을 만들고 있었다. 하나님은 이 사건을 엄하게 대하셨고, 이스라엘 백성은 하나님에 대해 두려움이 가득했다. 이제 다시 약속의 땅으로 길을 떠나라는 하나님의 말씀에 모세는 이렇게 말했다.

"주께서 친히 가지 아니하시려거든 우리를 이곳에서 올려 보내지 마옵소서"(출 33:15).

'친히'라는 말을 거의 모든 영어 성경은 '임재'(presence)로 번역하고 있다. 언제 어느 곳에나 있는 하나님의 임재(편재)가 아니라, 이 일에 특별히 드러내시는 임재(현현)를 말한다. 하나님의 임재에 대한 이스라엘 백성의 인식은 드러내 보이심으로 인해 경험되는 임재로 제한되어 있는 듯하다. 그들은 하나님을 필요할 때 요청하면 와서 도와주시는 신 정도로 이해했던 것 같다. 그들이 살고 있는 세상의 주변 사람들이 자기 신들에 대해 가진 생각이 그러했으니 그들도 그럴 수밖에 없었으리라.

성경 속 이스라엘의 역사를 보면, 그들은 여호와 하나님을 전쟁에서 이기도록 돕는 전쟁의 신 정도로 이해했을 수도 있다. 전쟁터에 언약궤를 들고 나가서 싸우고자 했던 것을 보면 알 수 있다. 만약 여호와 하나님을 전쟁의 신으로 인식했다면, 가나안에 정착했을 때는 그들의 경작을 담당해 줄 신, 바알을 의지하고 싶었을 것이다. 아무튼 그들은 하나님의 존재에 대한 인식은 있었으나 편재에 대한 지식이 없이 살았을 수도 있다. 그렇지 않고서야 하나님의 편재 앞에서 어찌 그리도 버젓이 우상 숭배로 얼룩진 역사를 만들어 낼 수 있었겠는가.

이 시대를 사는 우리는 어떠한가? 신학적으로 하나님의 편재를 분명히 인정하듯이, 실제의 삶에서도 하나님의 임재 인식에 어울리게 살고 있는가? 교회의 많은 행사에 매우 적극적으로 참여하지만, 하나님의 임재를 인식하지 못한 채 단지 열심만 내고 있는 것은 아닌지 모르겠다. 교회의 리더로 섬기는 자들도 하나님의 임재에 무관심한 상태로 사역하고 있지는 않은가? 우리가 무엇인가로 무척 바빠 살면서 하나님의 임재에 대한 인식이 흐려진 채로 하루하루가 지나가고 있는지도 모르겠다.

아무튼 하나님이 드러내 보이시는 특별한 임재가 모세에게 절실했듯이, 이 시대를 사는 우리도 특별한 임재의 경험을 갈망할 것이라고 생각한다. 임재에 대한 신학적인 이해가 아니라 실제적인 경험 말이다. 모세가 원했던 것도 바로 실제적인 임재 경험이었을 것이다.

흥미롭게도 모세가 말한 '친히'라는, 그 임재를 표현한 히브리어는 '얼굴'이라는 뜻을 가진 '파네'(פָּנֶה)이다. 우리가 누군가의 얼굴을 보고 있다면 그 사람의 임재 앞에 있다는 말이다. 하나님의 임재가 신학적으로는 여러 심오한 뜻으로 설명될 테지만, 그 임재란 얼굴을 대면하는 실제적인 경험이다. 동일한 히브리어 단어가 우리가 잘 아는 아론의 축복에서도 사용된다.

"여호와는 네게 복을 주시고 너를 지키시기를 원하며 여호와는 그의 얼굴을 네게 비추사 은혜 베푸시기를 원하며 여호와는 그 얼굴을 네게로 향하여 드사 평강 주시기를 원하노라"(민 6:24-26).

여기에서 '얼굴'로 번역된 히브리어도 '파네'다. 그러므로 하나님이 우리에게 얼굴을 비추시는 것, 또는 얼굴을 우리에게로 향하여 드시는 것은 하나님이 우리에게 드러내 보이시는 임재의 표현이라는 사실을 알 수 있다. 우리를 향하여 사랑이 가득한 마음으로 드러내시는 얼굴이다.

아론의 축복에서와 같이 하나님의 임재는 우리에게 복이 된다. 하나님이 우리를 향하여 얼굴을 드시고 비추시면 우리는 하나님의 은혜, 자비, 구원, 회복, 평안 등을 받아서 누릴 수 있다. 그러나 하나님이 누군가에게서 얼굴을 돌리시거나 숨기신다면 이야기는 완전히 달라진다. 하나님의 진노와 심판을 그와 같은 말로도 표현하기 때문이다. 하나님과 상관없는 자처럼 여겨 우리를 버리시고, 떠나시고, 돌보지 않으시겠다는 뜻을 담고 있기 때문이다. 하나님이 그렇게 말씀하셨다.

"내가 그들에게 진노하여 그들을 버리며 내 얼굴을 숨겨 그들에게 보이지 않게 할 것인즉 그들이 삼킴을 당하여 허다한 재앙과 환난이 그들에게 임할 그때에 그들이 말하기를 이 재앙이 우리에게 내림은 우리 하나님이 우리 가운데에 계시지 않은 까닭이 아니냐 할 것이라 또 그들이 돌이켜 다른 신들을 따르는 모든 악행으로 말미암아 내가 그때에 반드시 내 얼굴을 숨기리라"(신 31:17-18).

"너희는 내 얼굴을 찾으라 하실 때에 내가 마음으로 주께 말하되 여호와여 내가 주의 얼굴을 찾으리이다 하였나이다 주의 얼굴을 내게서 숨기지 마시고 주의 종을 노하여 버리지 마소서 주는 나의 도움이 되셨나이다 나의 구원의 하나님이시여 나를 버리지 마시고 떠나지 마소서"(시 27:8-9).

그러니 하나님의 얼굴 앞에 있으며 그 얼굴의 비추임을 받는 일은 얼마나 복된 일인가. 우리가 하나님을 예배한다고 서 있다는 것은 히브리어로 표현하면, 우리를 향하여 드신 하나님의 얼굴 앞에 우리가 서 있다는 말이다.

함께 모이는 예배 현장은 모든 성도가 공동체로 모여 하나님의 현현을 만나는 곳이다. 예배는 하나님이 드러내시는 영광을 특별히 만나는 시간이다.

제사장들이 예배하는 일을 계속할 수 없을 정도로 하나님의 영광이 성전에 가득했던 그때처럼(대하 5:13-14), 우리가 예배하는 곳 역시 하나님의 찬란한 임재의 영광이 가득해 그것에 압도되어 있는 자리라고 할 수 있다.

우리가 그 제사장들과 똑같은 경험을 하지는 못한다 하더라도, 예배의 자리에 있을 때 우리는 그 임재 안에서 예배하고 있다는 확신을 갖고 예배하는 것이 옳다. 임재가 눈이나 느낌으로 확인되지 않아도 하나님의 임재가 그곳에 있다는 확신 말이다. 그렇지 않다면 우리의 예배는 우리만의 종교 행위에 불과하게 된다. 그렇기에 예배는 성경 공부 하러 모이는 시간과는 다르며, 교회 일을 토의하러 모이는 시간과도 다르다. 우리의 언어로 충분히 형용할 수 없는 하나님의 임재가 있는 고귀한 시간이다.

"하나님, 제가 지금 이곳에,
하나님의 임재 안에 있습니다"

그러나 안타깝게도 하나님과의 특별한 만남은 인간적인 노력으로 맛볼 수 있는 경험이 아니다. 오직 성령에 의해서만 주어진다. 우리는 그 경험을 소망하며 기다릴 뿐이다. 그런데 종종 예배 기획자나 인도자들이 임재의 분위기를 만들어 내려고 시도하곤 한다. 좋은 의도이겠으나, 위험한 생각이 아닐 수 없다. 조명, 장식, 상징물, 음악 등을 도구로 이용해 인위적인 임재의 느낌을 만들어 내려는 시도다.

물론 우리는 그 도구들에 의해 충분히 영향을 받고 감동할 수도 있다. 그러나 그렇게 만들어지고 조작된 임재의 분위기 경험은 그 도구들이 사라질 때 같이 자취를 감추는 모조품일 뿐이다.

어떤 예배 인도자들은 자신이 예배자들을 하나님의 임재 앞으로 데려다 놓을 수 있다고 생각한다. 그것이 자신들의 역할이라고 여기기도 한다. 그러나 이것도 위험한 생각이다.

예배를 준비하고 인도하는 자들은 예배자들이 하나님과의 만남을 준비하도록 도울 수는 있다. 하나님의 임재 앞에 와 있음을 깨달을 수 있도록 도와줄 수는 있다. 하나님께 집중하고 그 임재를 맛볼 것을 기대하도록 독려할 수는 있다. 그러나 예배자들을 하나님의 임재 안으로 이끌어 데려가는 일은 그들이 할 수 있는 영역에 속한 일이 아니다. 그것은 성령의 일이다.

예배 모임을 책임지는 사람들의 임무는 예배에서 임재를 느끼도록 무엇인가를 만들어 내는 것이 아니다. 오히려 예배자들이 하나님과의 특별한 만남을 맛보는 길에 장애가 될 만한 요소들이 예배의 내용이나 환경에 있지는 않은지 살펴서 혹시라도 있다면 그것들을 제거해서 그 길을 준비하는 일이다. 사람의 손으로 만들어진 하나님의 임재는 모두 거짓이다. 시도조차 하지 말아야 할 일이다.

하나님과의 특별한 만남이 있는 고귀한 예배의 자리에서 하나님의 임재를 대하는 우리의 자세는 어떤가? 매우 우습고 어리석은 질문으로 들릴지 모르나, 예배를 인도하는 자나 예배자 모두 예배의 자리에 하나님이 임재해 계시다는 사실을 정말 믿고 있는가? 그 대답은 예배 현장에서 보여 주는 우리의 태도가 말해 줄 것이다. 거룩하고 놀라운 하나님의 임재 앞에 경외함으로 겸손히 서 있는 우리의 모습이 분명 드러날 것이기 때문이다. 우리가 예배 중에 하는 말이나 자세나 행동에 그 믿음이 묻어날 것이기 때문이다.

하나님의 임재 안에 있음을 안다면 예배 중에 하나님의 임재를 구하는 기도는 적절하지 못하다. 물론 그렇게 기도하는 사람이라도 하나님이 지금 이곳에 계시지 않으니 이제 오시라고 하는 말은 아닐 것이라 믿고 싶다. 아무튼 그런 언어의 선택이 예배자의 임재에 대한 인식과 예배에 대한 이해에 바람직하지 못한 영향을 끼치게 된다는 점을 기억해야 한다. 내가 하나님의 임재 안에 있는 예배자임을 인식하고 있다면 휴대폰으로 연결된 다른 세상에 우리의 마음을 내어 주지도 않을 것이다. 하나님의 임재 안에 있다는 고귀함은 그 무엇과도 바꿀 수 없기 때문이다.

아쉽게도 하나님의 임재는 눈으로 볼 수 없기에 우리가 그 임재 안에서 예배하고 있다는 사실을 쉽게 잊어버리기도 한다. 그러므로 예배의 자리에 들어설 때 하나님과의 특별한 만남을 기대하며 다음과 같은 고백을 선포하며 들어간다면 예배를 대하는 우리의 마음가짐에 도움이 되지 않을까?

"하나님이 지금 이곳에 계십니다."
"하나님, 제가 지금 이곳에, 하나님의 임재 안에 있습니다."

이런 고백은 하나님의 임재를 확신할 수 있도록 우리를 깨우치며 도울 수 있다. 그 확신은 우리가 그 임재를 피부로 느끼지는 못하더라도, 보이지 않는 하나님의 임재 인식을 우리의 느낌에 맡기도록 내버려 두지는 않을 것이다. 그 확신은 성령이 우리의 예배에서 역사하시는 내 안의 공간이 될 것이다.

하나님과의 특별한 만남이 있는 예배! 그 얼마나 복되고 보배로운가! 예배는 하나님을 향한 우리의 응답이지만, 우리가 하나님의 특별한 임재 안에 있는 시간이기에 하나님으로부터 오는 선물과도 같은 보배로운 시간이다. 특권과도 같은 소중한 시간이다. 그 어떤 것과도 비교할 수 없는 참으로 소중한 시간이다.

03

예배의 중심은
하나님이시다

God-centeredness

SPIRIT &
PRACTICES OF
WORSHIP

오직 하나님만이
예배의 초점이 되셔야 한다

예배의 현장은 하나님만을 높이기 위한 자리다. 오직 하나님만 우리 예배에서 높임을 받으시기에 합당하다. 그래서 예배는 하나님 중심이다. 예배는 예배하는 자 혹은 어떤 특별한 사람 및 문제나 안건 등을 위한 것이 아니라, 오직 하나님에 관한 것이라는 의미다.

물론 예배자는 당연히 예배에 관여되며, 하나님의 은혜와 자비로 인해 예배로부터 유익을 받아 누릴 수 있다. 하지만 그 유익 가운데 어떤 것도 우리가 예배하는 동기나 목적이나 내용이 될 수 없으며, 오직 하나님만이 예배의 초점이 되셔야 한다. 예배가 하나님 중심성을 잃을 때 예배는 이미 예배이기를 포기하는 것이다.

존 파이퍼(John Piper)는 그의 책에서 이렇게 말한다.

"예배란 하나님의 최고의 가치와 아름다움을 의식적으로 알고 귀중히 여기고 드러내는 일이다. …하나님의 영광을 음미하는 게 참된 예배의 본질이라 믿는다. …공예배가 교회에 미치는 좋은 영향은 수없이 많다. …다른 좋은 영향을 목적으로 예배를 유도하려 하면 이미 예배가 아니다. …예배란 철저히 하나님 중심으로 그리스도를 높이는 경험, 즉 예수 그리스도를 통해 하나님의 영광을 알고 귀중히 여기고 드러내는 경험이다."[1]

도널드 허스태드(Donald Hustad)의 말도 하나님 중심성을 잘 표현하고 있다.

"예배는 우리의 죄, 하나님의 은혜에 대한 우리의 경험, 혹은 거룩함을 향한 열망에 골몰하여 자기중심적이 되는 것이 아니라, 하나님께 사로잡히는 것이다. 용서하시고 깨끗하게 하시고 새롭게 하시고 회복시키시고 변화시키시는 일을 통해서 드러나는 성품을 가지신 하나님 말이다."[2]

하나님이 중심이신 예배의 현장에서 우리는 하나님의 임재 안에 겸손히 서서 오직 하나님께 몰두해 하나님의 성품과 그분이 하신 일을 드러내며 경배한다. 그것이 예배다. 그런 예배의 현장에서 어찌 우리 스스로나 누군가를 자랑하거나 칭찬할 틈을 조금이라도 내어줄 수 있을까.

누군가의 기도나 설교나 노래에 "그렇습니다!" 하고 동의하며 "아멘"을 하거나 박수를 하기도 하지만, 그 누군가를 칭찬하거나 격려할 의도를 갖고 하지는 말아야 할 이유가 여기에 있다. 예배에서 박수하고, 웃고, 울고, 일어서고, 무릎 꿇는 행위가 자연적으로 터져 나오는 예배 표현이라면 막을 수도 없고, 막아서도 안 된다. 그러나 그것들이 어떤 목적을 갖고 의도된 행위라면 그 의도가 무엇이냐에 따라 예배 행위로서 적절한지, 그렇지 않은지를 결정하는 분별력이 필요하다.

예를 들어, 성가대의 찬송이 소수의 노래이기는 하지만 회중 모두가 노래하는 찬송으로 인식된다면 성가대를 향한 박수는 결국 우리의 노래에 우리가 박수를 보내는 셈이 된다. 여름성경학교를 마친 어린이들을 초대해서 예배 중에 '특송'이라는 순서를 계획하고 있다면 아이들의 귀여운 재롱잔치나 발표회처럼 되지 않도록 그 의도와 내용을 잘 분별해야 한다. 하나님 중심성을 잃어버려서 예배의 초점이 흐려지지 않도록 말이다. 행위든, 의도든, 내용에서든 하나님 중심성을 잃은 예배는 예배라 불릴 근거를 잃게 된다.

마찬가지로, 누군가가 교회를 위해 수고한 일을 두고 치하하는 행위는 그 의도가 아무리 선할지라도 그 일이 예배 중에 행해진다면 하나님 중심이라는 예배의 본질을 흐리게 한다. 예배와 일반 집회는 다르다. 어떤 행사나 집회 중에는 누군가를 축하하거나 그가 한 일을 치하할 수 있다. 그러나 예배에서는 아니다. 예배와 콘서트는 다르다. 콘서트라면 공연한 사람들에게 칭찬과 격려의 박수를 보내는 일이 마땅하고도 아름다운 일이다. 그러나 예배에서는 아니다. 예배에서 모든 관심과 초점은 오직 하나님께만 있다.

예배의 환경에도 세심한 분별력이 필요하다. 어떤 교회는 예배 순서를 담당하는 사람들을 위한 특별한 자리를 마련하지 않는다. 그들의 자리가 회중과 구분되어 도드라지지 않도록 하기 위함이다. 혹시라도 누구는 더 특별하다거나 누구는 더 거룩하다는 생각을 갖지 않도록, 우리 모두는 하나님 앞에서 다 같은 예배자일 뿐이라는 고백을 표현한 것이라고 볼 수 있다. 이런 생각에서 출발한 공간 배치는 하나님만이 예배의 중심에 계시며 그 누구도 예배의 초점이 되지 않으려는 노력으로 여길 만하다.

한국 교회에서 예배는 하나님 중심성을 잃어버릴 위험에 많이 노출되어 있다. 왜냐하면 '예배'라고 불리는 모임이 많기 때문이다. 어떤 모임이든지 그다지 고민 없이 쉽게 예배라고 부르기를 좋아한다. 예배라고 부르면 좀 더 '거룩한' 혹은 '경건한' 느낌이 들어서일까?

'결혼식', '졸업식', '개업식', '장례식'이라고 부르면 될 텐데, 각각 '결혼예배', '졸업예배', '개업예배', '장례예배'라고 부르기를 선호한다.

물론 이런 모임을 갖는 이유들 하나하나는 모두 하나님께 감사로 예배할 충분한 이유가 된다. 그렇게 예배할 수 있다. 그러나 우리는 그동안 예배라고 불리는 모임에서 하나님 중심성이 여지없이 깨어져 버린 예를 자주 경험해 오지 않았던가.

예배라고 이름 붙여진 모임은 하나님 중심성이 희미해지는 정도에 따라 단순한 집회나 행사로 변모될 수 있고, 또는 극단적인 경우이겠으나 우상 숭배로 전락할 수도 있다. 그것을 우리가 감지할 수도 있고, 그렇지 못할 수도 있다. 무슨 예배라고 불리는 모임에서 우리 중의 누군가나 회중 전체가 이룬 어떤 일이 칭송을 받아 높여지는 경우를 우리는 그리 어렵지 않게 보아 왔다. 이런 위험성에 대해 마르바 던(Marva Dawn)과 D. A. 카슨(D. A. Carson)은 이렇게 말한다.

"예배는 영원하신 하나님의 찬란한 영광에 잠겨 오직 하나님만을 높이는 일이다. …그렇지 않다면 우상 숭배다."[3]

"인간 타락의 중심에는 하나님 중심성을 파괴하는 자기애가 있다. 하나님을 예배하지 못하는 것이 바로 우상 숭배임을 암시한다. 우리는 유한한 존재이기에 누군가 혹은 무엇인가를 예배하

게 되어 있다. 그 대상이 하나님이 아니라면 다른 무엇을 예배한
다."[4]

　예배는 누군가를 높이며 찬양하는 일이기에, 그 누군가가 하나님
이 아니라면 그 예배는 우상 숭배로 아주 쉽게 넘어갈 수 있다.
　우리의 삶에, 그리고 특별히 우리의 예배에서 하나님 중심성이 얼
마나 중요한가는 마귀가 그 문제로 예수님까지 시험했던 사건을 통
해서도 알 수 있다. 마귀는 예수님을 높은 산으로 이끌고 가서 "내게
엎드려 경배하면"(마 4:9)이라고 말하며 슬쩍 꾀지 않았던가? 그러니
하물며 사람에게랴. 마귀가 우리의 예배에서 하나님 중심성을 흐리
게 하거나 다른 것으로 바꾸려고 이런저런 꾀를 쓰려 하지 않을까?
이에 대한 우리의 대응도 예수님의 답변처럼 철저해야겠다.

　"기록되었으되 주 너의 하나님께 경배하고 다만 그를 섬기라 하
　였느니라"(마 4:10).

　이런저런 이름을 가진 예배 모임이 많은 한국 교회에서는 예배를
예배 되게 하는 일이 더욱 절실하다. 하나님 중심성을 회복해야 한다
는 의미다. 예배 중에 우리가 하는 말이나 행위가 아무리 선한 목적
을 가졌고 또 누군가에게 유익을 끼친다 하더라도 말이다.

예배 모임은
'그리스도인'이 '하나님'을 '예배'하는 현장이다

'새신자 예배'라는 모임이 한 예가 될 수 있다. 이 모임은 '구도자 예배' 혹은 '열린 예배'라고 불리기도 한다.

십수 년 전 한 대형 교회의 '새신자 예배'에 참석했다. '특별 찬양'이라는 순서에 한 재즈 그룹이 초대되어 노래를 부른 것이 특별히 기억에 남는다. 모임 시간 전반에 걸쳐 조명과 스포트라이트를 이용해서 아주 세련된 콘서트장에 와 있는 것 같은 분위기를 자아냈다.

초대된 그룹이 15분 동안 세 곡의 노래를 불렀다. 한 곡은 재즈로 편곡한 찬송가였고, 다른 두 곡은 기독교와 전혀 무관한 내용을 담은, 자신들의 대표곡쯤 되는 노래였다. 노래를 시작하면서 리드 싱어가 뜻밖의 말을 했다. 당시 어떤 특별한 상황에 처해 있던 사람들을 언급하며, 오늘 부르는 노래를 그들에게 바친다고 했다. 예배가 아닌 전도 집회에서 이런 말을 했더라도 쉽게 이해될 수 있는 상황은 아니었다. 그래도 설교나 다른 순서들은 전도 집회에서라면 전혀 손색이 없는 좋은 내용이었다.

그날의 모임은 복음을 들어 보지 못했거나 이제 막 교회에 출석하기로 한 사람들을 대상으로 디자인된 전도 집회와 콘서트, 그리고 예배, 이 셋이 잘 섞인 수준 높은 프로그램이었다. 한 영혼을 구하기 원하는 마음은 참으로 선하고 아름답다. 그러나 이 모임이 예배로 불릴 수 있을까?

'새신자 예배'는 복음을 들어 보지 못했거나 신앙이 없는 사람들이 기독교 진리에 관심을 갖고 그리스도인이 되기를 결단하게끔 이끌도록 특별히 디자인되고 준비된 모임이다. 그러므로 동기나 내용 모두 비신자를 위한 모임이다. 이 '예배'는 그들이 교회에 대한 어색함 대신에 호감을 갖고 편안한 분위기에서 잘 마련된 순서들을 관람하거나 참여하면서 마음을 열고 복음을 받아들일 수 있게 하는 데 그 목적이 있다.

이 '예배' 모임은 복음 전도라는 거룩한 목적을 가진 매우 선한 모임이다. 더구나 이러한 모임을 매주 한다는 것은 얼마나 기쁜 일인가. '예배'가 아니라 전도 집회나 그에 어울리는 다른 이름으로 불린다면 더할 나위 없이 훌륭하다. 그렇지만 '예배'로는 불릴 수 없는 모임이다.

"하나님 중심성"이라는 주제는 차치하고서라도, '하나님을 믿지 않는 사람이 하나님을 예배할 수 있는가?'라는 근본적인 문제를 생각해 봐야겠다.

예수 그리스도를 믿지 않는 사람은 아직 하나님을 알지 못하는 사람이다. 자신이 아직 하나님과 어떤 관계가 있다고 생각하지 않는 사람이다. 그런 사람이 하나님을 예배할 수 있을까? 그런 일이 과연 가능할까?

'새신자 예배'를 주장하는 근거로 제시하는 성경 구절 중에 몇 군데를 살펴보는 것이 도움이 될 것이다. 가장 먼저 구약 민수기의 말씀이다.

> "너희 중에 거류하는 타국인이나 너희 중에 대대로 있는 자나 누구든지 여호와께 향기로운 화제를 드릴 때에는 너희가 하는 대로 그도 그리할 것이라 회중 곧 너희에게나 거류하는 타국인에게나 같은 율례이니 너희의 대대로 영원한 율례라 너희가 어떠한 대로 타국인도 여호와 앞에 그러하리라"(민 15:14-15).

이 말씀에 '거류하는 타국인'이 나오는데, 이들은 하나님을 믿지 않는 사람들을 포함한 비유대인들을 의미한다. 그러므로 이 말씀에 비추어 비신자 예배는 마땅한 일이라고 오해할 수 있을지 모르겠다.

하지만 이 말씀이 비신자들의 예배를 지지해 준다고 해석하기는 곤란하다. 유대인의 절기에 참여할 수 있는 '거류하는 타국인'은 여행객, 방문자, 구도자, 비신자 등을 가리키지 않기 때문이다. 타국인은 유대인 가운데 살면서 할례를 받기까지는 유대인의 절기에 참여하지 못한다. 출애굽기는 다음과 같이 규정하고 있다.

"너희와 함께 거류하는 타국인이 여호와의 유월절을 지키고자 하거든 그 모든 남자는 할례를 받은 후에야 가까이하여 지킬지니 곧 그는 본토인과 같이 될 것이나 할례 받지 못한 자는 먹지 못할 것이니라"(출 12:48).

그러므로 유대인의 절기에 참여해서 하나님을 예배하고 다른 유대인들과 함께 먹을 수 있는 '거류하는 타국인'이란 이미 할례를 받고 유대교로 개종한 사람을 가리킨다. 그는 이미 하나님을 섬기는 유대교 신자라는 의미다. 에스겔을 통한 하나님의 말씀이 이에 대해 분명히 해준다.

"주 여호와께서 이같이 말씀하셨느니라 이스라엘 족속 중에 있는 이방인 중에 마음과 몸에 할례를 받지 아니한 이방인은 내 성소에 들어오지 못하리라"(겔 44:9).

시편 113편도 '새신자 예배'의 근거로 종종 언급되는데, 그 이유는 온 세상 모든 나라로부터 하나님이 찬양을 받으시리라는 표현 때문이다.

"해 돋는 데에서부터 해 지는 데에까지 여호와의 이름이 찬양을 받으시리로다 여호와는 모든 나라보다 높으시며 그의 영광은 하늘보다 높으시도다"(시 113:3-4).

이 말씀이 비신자들이 예배하는 것을 지지하고 있을까? 우리는 로마서에서 그 답을 찾을 수 있다.

"내가 말하노니 그리스도께서 하나님의 진실하심을 위하여 할례의 추종자가 되셨으니 이는 조상들에게 주신 약속들을 견고하게 하시고 이방인들도 그 긍휼하심으로 말미암아 하나님께 영광을 돌리게 하려 하심이라 기록된바 그러므로 내가 열방 중에서 주께 감사하고 주의 이름을 찬송하리로다 함과 같으니라 또 이르되 열방들아 주의 백성과 함께 즐거워하라 하였으며 또 모든 열방들아 주를 찬양하며 모든 백성들아 그를 찬송하라 하였으며 또 이사야가 이르되 이새의 뿌리 곧 열방을 다스리기 위하여 일어나시는 이가 있으리니 열방이 그에게 소망을 두리라 하였느니라"(롬 15:8-12).

바울은 구약 네 곳에서 말씀을 인용했다. 순서대로 보면 시편 18편 49절, 신명기 32장 43절, 시편 117편 1절, 그리고 이사야 11장 10절(이사야서는 70인역에서 인용) 말씀이다. 바울이 한 말의 의미는 이렇다. 전에는 이방인들이 하나님을 찬송하고 예배할 수 없었으나 이제는 그리스도로 인하여 가능하게 되었으니, 이것은 여기에 인용한 구약의 말씀들이 이루어진 것이라는 뜻이다.

그러므로 바울이 인용한 구약의 말씀들을 근거로 비신자들의 예배를 정당화할 수는 없다. 왜냐하면 구약에서 세상 모든 민족이 하나님을 찬양하고 예배할 것을 선포하는 말씀들은 온 세상 사람으로부터 찬양받으실 분은 오직 하나님 한 분이심을 천명하고 있을 뿐이기 때문이다.

이런 구약의 말씀들이 예수 그리스도로 인하여 이루어졌기에 이방인이었던 우리가 하나님을 예배하는 영광의 자리에 초대되어 나오게 되었다. 이것은 예수 그리스도와의 만남이 없는 비신자는 하나님을 예배할 수 없음을 말해 주기도 한다. "하나님은 영이시니 예배하는 자가 영과 진리로 예배할지니라"(요 4:24)라는 예수님의 말씀이 이 점을 더욱 분명히 해준다(이에 대한 보다 자세한 내용은 필자의 책 『참으로 예배하고 싶다』를 참조하라).

바울이 고린도교회에 보낸 서신도 종종 '새신자 예배'의 근거로 사용된다.

"온 교회가 한자리에 모여서 모두가 방언으로 말하고 있으면, 갓 믿기 시작한 사람이나 믿지 않는 사람이 들어와서 듣고, 여러분

을 미쳤다고 하지 않겠습니까? 그러나 모두가 예언을 말하고 있
으면, 갓 믿기 시작한 사람이나 믿지 않는 사람이 들어와서 듣고,
그 모두에게 질책을 받고 심판을 받아서, 그 마음속에 숨은 일
이 드러나게 됩니다. 그래서 그는 엎드려서 하나님께 경배하면서
'참으로 하나님께서 여러분 가운데 계십니다' 하고 환히 말할 것
입니다"(고전 14:23-25, 새번역 성경).

이 말씀에서 먼저 생각해야 할 것은 그 모임의 성격이다. 그 모임이 기도회였는지, 부흥회였는지, 말씀을 배우는 모임이었는지, 친교 모임이었는지, 혹은 예배 모임이었는지는 알 수 없다. 예배 모임이었다고 가정하더라도, 바울의 말에서 우리가 확인할 수 있는 사실은 비신자가 하나님을 예배한다는 것이 아니라, 단지 비신자가 그리스도인의 모임에 참석할 수 있다는 것뿐이다.

그리고 그 모임에서 그들이 예언의 말씀을 듣고 깨달음이 생기고 나면 "참으로 하나님께서 여러분 가운데 계십니다"라는 고백과 함께 드디어 그 자리에 엎드려 하나님을 경배하게 될 수도 있을 것이니, 함께 모일 때는 알아듣지 못하는 방언이 아니라 모두가 알아들을 수 있는 예언의 말을 하라고 가르치고 있다.

결국 그리스도인들이 모인 자리에 비신자가 참여할 수는 있으나, 깨달음이 있고 나서야 그 모임 중에 임재하신 하나님을 고백할 수 있

다는 사실만 증언하고 있을 뿐이다. 하나님을 아는 것이 예배에 앞선다. 하나님과의 관계가 예배에 앞선다. 구원이 예배에 앞선다. 이것은 다음에 인용한 성경 말씀들을 통해서도 확인할 수 있다.

"내 백성을 보내라 그러면 그들이 광야에서 나를 섬길 것이니라" (출 7:16).

"그러나 너희는 택하신 족속이요 왕 같은 제사장들이요 거룩한 나라요 그의 소유가 된 백성이니 이는 너희를 어두운 데서 불러내어 그의 기이한 빛에 들어가게 하신 이의 아름다운 덕을 선포하게 하려 하심이라"(벧전 2:9).

기독교 예배의 시작은 예수 그리스도의 십자가 사건과 부활에 대한 감사의 응답이었다. 예수 그리스도를 통한 구원의 경험이 없이 십자가 사건과 부활의 주를 선포하며 예배할 수는 없지 않을까? 예수 그리스도의 십자가 사건이 전해지지 않아서 예배가 없는 곳, 그곳에 예수 그리스도를 전해서 예배하게 하는 것이 선교 사역이라고 말하는 존 파이퍼의 글은 매우 의미 있다.

"선교는 교회의 궁극적인 목적이 아니다. 교회의 궁극적인 목적은 예배이다. 선교는 예배가 없기 때문에 존재한다."[5]

레이먼드 펑(Raymond Fung)의 말도 귀담아들을 가치가 있다.

"제일 먼저 깨달아야 할 것은, 예배는 전도의 수단이 아니라는 것이다. 예배는 그리스도인들이 다른 이에게 어떤 선한 일이 일어나도록 하기 위해서 행하는 어떤 일이 아니라는 것이다. 예배는 우리가 하나님께 나아가 하나님의 사랑을 기리는 것이다. 진정한 예배가 되려면 진정한 예배자들이 있어야 한다. 이 예배자들이 아주 일상적인 의식들(liturgies)을 하나님의 사랑과 영광과의 만남으로 변화시킨다. 그러므로 문제는 어떻게 하면 교회 밖 사람들의 관심을 끌어 그들을 우리에게로 끌어들이게 하느냐가 아니라, 그리스도인들이 함께 모여 어떻게 진정으로 예배하느냐이다. 우리가 그렇게 한다면 우리 친구들도 우리가 하는 예배 모임 중에, 그리고 그 예배 모임을 통해서 어떻게 해서든 하나님을 경험할 수 있으리라 확신한다."[6]

현재 준비하는 모임이 전도 집회라면 전도 대상자들의 눈높이와 기대에 맞게 기획하고 준비해서 참석한 사람들이 듣고, 보고, 느끼고, 누리고, 끌리도록 해야 집회의 목적을 잘 이룰 수 있다. 그러나 예배 모임을 준비한다면 그 전도 대상자들이 모임의 주체나 대상이 되어서는 안 된다. 너무 단순한 말일지 모르나, 예배 모임은 '그리스도인'이 '하나님'을 '예배'하는 현장이다. 예배 모임에서 이 세 단어는 매우 중요하다.

그리스도인
하나님
예배

예배를 더욱 순수하게
예배 되게 하라

그렇다면 예배 모임에 참석한 비신자들을 어떻게 해야 하나? 단지 무시하는 것이 옳을까? 그렇지 않다. 누군가에게는 큰 기대 없이 동참한 예배 모임이 하나님의 구원하심을 깨닫고 "참으로 하나님께서 여러분 가운데 계십니다"라고 고백하게 하는 인생의 가장 소중한 시간이 될 수도 있기 때문이다.

비신자를 배려한(friendly 혹은 sensitive) 예배 모임을 준비하면 우리는 예배의 본질이 손상되지 않은 채 하나님을 예배하면서, 동시에 그 예배에 동참한 비신자들에게 거룩한 영향을 끼칠 수 있다. 그렇다고 그들을 배려하기 위해 일부러 '헌금' 순서 등을 없애거나 예배의 내용을 바꾸지는 않아야 한다. 그런 일은 예배의 본질을 손상시킬 뿐이다. 기독교에 대해 지식이 없고 처음으로 예배 모임에 참석한 사람들의 입장에서 그들이 소외감을 느끼지 않고 예배 순서, 행위, 내용 등을 이해할 수 있게 돕는 배려가 필요하다는 뜻이다. 예배의 현장에서 지금 그리스도인들이 하고 있는 말과 행위가 무슨 의미인지 이해하도록 돕는 일이다.

복음 전도의 중대함이 예배의 예배 됨을 해치는 이유가 되어서는 안 된다. 복음 전도가 중요하다면 예배에서 하나님 중심성을 더욱 지켜야 한다. 왜냐하면 예배의 본질에 충실한 하나님 중심의 예배는 그 자체로 이미 복음적이기 때문이다. 그 이유는 그런 예배에서는 구원 역사에 나타난 하나님의 사랑, 공의, 은혜, 긍휼히 여기심, 전능하심, 신실하심, 거룩하심 등이 성도의 노래, 기도, 말씀을 통해서 선포되고 드러나서 예배 전체를 가득 채우기 때문이다. 그런 예배는 이미 복음 전도의 메시지로 가득하다. 그러니 예배를 더욱 순수하게 예배 되게 해야 한다. 예배는 하나님 중심이어야 한다.

우리가 소중히 여기는 예배가 혹 하나님 중심성을 잃어버리고 다른 것들이 그 자리를 채우고 있지는 않은지 생각해 보자. 예배로 모인 자리에서 이런저런 선하고 유익한 일이 이루어져도 하나님 중심성을 잃으면 하나님을 예배한다고 말할 수 없다. 우리가 예배로 모일 때 언제나 하나님을 예배하기를 소망한다.

보다 예배다운
예배를 꿈꾸다
SPIRIT &
PRACTICES OF
WORSHIP

04

예배의 주체는
예배자 모두이다

Participation of All

SPIRIT &
PRACTICES OF
WORSHIP

예배에 대한
회중의 인식 변화

가톨릭교회는 1962-1965년 로마에서 제2차 바티칸 공의회를 열었다. 그 회의를 통해서 가톨릭 미사와 관련된 두 가지가 허용되었다. 하나는 그동안 미사에서 라틴어만 사용했으나 앞으로는 각각의 자국어를 사용할 수 있도록 한 것이다. 다른 하나는 사제가 회중을 등지고 미사를 집전했으나 앞으로는 회중을 바라보면서 할 수 있도록 허용했다.

지금이야 그리 대단한 일이 아니고 그저 단순하고도 당연시 여길 만한 사항이겠지만, 당시 가톨릭교회에서는 매우 획기적인 일이었다. 물론 그렇게 하기로 변경한 것이 아니라 단지 허용한 것이기는 하지만 말이다. 회중이 매우 반길 만한 결정이었을 것이라고 생각할 테지만, 놀랍게도 그 허용에 대한 반발은 회중에게서 나왔다. 사람은 예배 중에 어떤 일이나 동작을 반복해서 하다 보면 그 일에 익숙해질 뿐만 아니라 오랜 시간이 지나다 보니 그것들을 마치 신성한 일이나 동작처럼 인식하게 되어 바꾸기를 두려워하는 경향이 있는 듯하다. 아마도 그런 이유 때문이었을까, 이전의 방법에 익숙했던 가톨릭 교회의 회중이 이 변화를 받아들여 개교회에 실제로 적용되기까지는 20년이 넘는 세월이 필요했다.

바티칸 공의회에서 발표된 예배에 관한 문서("거룩한 전례에 관한 헌장") 중 일부분을 소개하면 다음과 같다.

"교회는 모든 신자가 온전히, 인지하며, 적극적으로 예전(禮典, liturgy)에 참여할 수 있도록 해야 한다. 이것이 바로 예전의 본질이다. '택하신 족속이요 왕 같은 제사장들이요 거룩한 나라요 그의 소유가 된 백성'인 그리스도인의 이러한 참여는 세례에 의거한 권리이자 의무다."[7]

예배에 관한 새로운 통찰이 있는 내용은 아니지만, "온전히, 인지하며, 적극적으로 참여"(Full, Conscious, and Active Participation)라는 문구가 예배와 예배자의 관계를 잘 설명해 주고 있어서 개신교 예배학자들도 자주 사용하는 문구가 되었다.

예배에 이 같은 자세로 참여해야 한다는 것은 새로운 개념이 아니다. 이미 과거부터 인식되어 온 내용이다. 그러나 중세부터 예배는 회중의 일이 아니라 사제와 성가대에 속한 전유물처럼 되었다. 예배자인 회중은 관람자의 위치를 차지할 수밖에 없었다. 예배는 저 앞쪽 장막 너머에 있는 사제와 성가대가 하는 일이고, 장막 이쪽 너머에 있는 회중에게 허락된 일은 성찬의 떡과 잔이 들리는 순간 울리는 종소리를 들으며 떡과 잔을 바라보고 경의를 표하는 것이었다.

예배에 대한 회중의 인식이 어떠했을지 짐작할 수 있는 광경이다. 중세 그리스도인들에게 예배란 아마도 멀리서 들려오는 신비하게 들리는 라틴어 기도와 노래 소리를 들으며 성찬의 떡과 잔을 바라보는 것이었으리라.

종교개혁 이후 개신교 예배에서 회중의 자리는 회복되어 가는 듯했다. 그러나 이번에는 말씀이 차지하는 비중이 커진 예배가 되어 또다시 회중을 주로 수동적으로 듣는 역할을 하는 무리로 바꾸어 놓았다. 종교개혁 이후 개신교 그리스도인들에게 예배란 아마도 설교를 듣는 것으로 인식되었으리라.

아무튼 "온전히, 인지하며, 적극적으로" 예배에 참여할 것을 요청하는 변화는 가톨릭교회와 개신교 교회 모두에게 어쩌면 매우 급진적인 개혁으로 인식되었을 수 있다.

그런 변화의 시간을 지나온 오늘날, 이제는 예배자가 "온전히, 인지하며, 적극적으로" 예배에 참여하고 있을까? 예배자의 참여를 다른 말로도 표현할 수 있겠으나, 이 짧은 표현이 예배에서 요구되는 참여의 의미를 잘 묘사하고 있으므로, 이 표현들을 통해 예배는 예배자 모두가 함께하는 일이라는 점에 대해서 살펴보겠다.

예배자는 "온전히, 인지하며, 적극적으로" 예배에 참여해야 한다

예배자는 "온전히" 예배해야 한다

첫째로, 예배자는 "온전히" 예배에 참여한다. 이를 우선 예배자 개인에게 적용해 보면, 우리는 예배할 때 우리의 지성, 감성, 이성, 몸, 영을 포함한 우리의 모든 것으로 예배한다는 의미다. "너는 마음을 다하고 뜻을 다하고 힘을 다하여 네 하나님 여호와를 사랑하라"라는 신명기 6장 5절 말씀을 예배에 적용한다면 이런 '온전한' 참여는 매우 성경적이라고 할 수 있다.

지성을 제외한 다른 것들을 통한 반응이나 표현은 예배에서 절제하거나 제한하는 것이 바른 예배의 자세로 인식된 시대가 있었고, 지금도 그 흔적이 남아 있다. 한국 교회 예배에서 예배자가 자발적으로 울고, 웃고, 환호성을 지르는 등 감정을 표현하거나 무릎 꿇고, 일어서고, 손을 들고, 손뼉 치고, 춤을 추는 등 몸을 움직이는 것은 금기시되었다. 아마도 예배에 적절하지 않은, 경건하지 못한 행위로 인식되어서였을 수도 있다.

물론 성경에 어떤 예들이 있다고 해서 우리가 반드시 그 예들을 따라야 하는 것은 아니며, 그렇게 하라고 강요하는 것은 더더욱 옳지 않다. 하지만 예배에서 자발적인 표현은 권장되어야 한다. 물론 해당 회중의 문화에 적합해야 한다는 전제 아래서다. 그리고 표현에 대한 회중의 이해와 공감에 어울리게 이루어져야 한다. 그래야 예배자의 참여를 극대화할 수 있다.

아무튼 예배는 지성의 영역에서만 일어나는 일인 양 제한되어서는 안 된다. 지성의 영역을 포함한 우리의 전인(whole person)이 예배에 "온전히" 참여해서 하나님을 예배해야 하지 않겠는가? 우리의 모든 것으로 말이다.

온전한 참여를 예배 공동체 전체에 적용해 볼 수도 있다. 즉 예배에 온전히 참여한다는 말은 예배가 특정 소수의 일이 아니라 예배 공동체 구성원 모두가 "온전히" 참여하는 공동체 전체의 일이라는 의미로 이해할 수 있다.

온전한 참여에 관해 다음과 같은 질문을 해보면 어떨까? "예배 현장의 환경과 내용이 예배 공동체의 다양한 구성원 중 일부를 배제하지 않고 모두 포용하도록 구성되어 있는가?", "공동체 모두가 이해할 수 있는 적절한 언어와 용어가 사용되는가?", "신체장애가 있는 구성원에 대한 배려가 있는가?", "다양한 회중에게 예배 인도에 참여할 기회가 주어지는가?"

이런 질문들은 우리가 예배 공동체의 온전한 참여를 얼마나 가치 있는 일로 여기고 있는지를 알게 해준다. 누군가에게는 혹 사소해 보일 수 있는 것들도 공동체 모두의 온전한 참여에는 사소하지 않은 영향을 끼칠 수 있다. 이를테면 예배당 시설 접근 용이성이나 청각장애인들을 배려한 수화 사용 여부, 그리고 스크린이나 주보에 사용되는 글씨의 크기 등은 사소해 보일 수 있으나 온전한 참여를 위해 반드시 고려되어야 하는 내용에 속한다.

예배 공동체 구성원의 다양성이 장애가 되지 않고 함께 어우러져 예배할 수 있도록 세심한 배려가 이루어진다면 모두가 "온전히" 참여하는 예배를 경험하게 될 것이다.

많은 교회가 주일날 예배 모임을 몇 차례씩 갖는다. 이 현상도 예배 공동체의 온전한 참여와 관련해서 고민해 볼 가치가 있는 주제다. 한 교회의 회중 수가 예배당의 규모보다 큰 경우 예배 모임이 두 차례 이상 되는 것은 현실적으로 불가피한 일이나, 오늘날에는 이런저런 이유로 예배 모임을 여러 차례 갖는 경우도 많다. 그 이유 중 하나는 예배자들의 성향이나 취향이다. 그에 따라 예배 모임을 보통 '전통적인' 스타일, '현대적인' 스타일, 그리고 '블렌디드' 스타일 등으로 구분하기도 한다.

이렇게 다른 스타일의 예배 모임을 마련하는 것은 옳고 그름의 문제로 접근할 현상은 아니다. 성향이나 취향에 따라 차별화된 예배 모임의 가장 유익한 점은 아마도 예배자의 온전한 참여를 더욱 기대할 수 있다는 데 있을 것이기 때문이다. 이런 참여가 바로 스타일이 다른 예배를 마련하는 이유와 근거일 듯하다.

이런 유익이 있음에도 불구하고 아쉬운 점은 있다. 바울이 에베소 교회에 보낸 권면의 말씀을 따라서, 온전한 참여와 동시에 성향이나 취향의 테두리를 넘어선 좀 더 성숙한 공동체 예배를 그려 보고 싶어서다.

> "모든 겸손과 온유로 하고 오래 참음으로 사랑 가운데서 서로 용납하고 평안의 매는 줄로 성령이 하나 되게 하신 것을 힘써 지키라"(엡 4:2-3).

서로 다른 스타일의 예배 모임은 분명 온전한 참여를 만들어 내는데 큰 역할을 하겠지만, '겸손', '온유', 그리고 '오래 참음'으로 '서로 용납'하여 공동체를 위해 자신의 성향, 취향, 선호도, 혹은 권리를 내려놓고 함께 예배하는 영적인 성숙함을 이룰 기회를 잃어버릴 수 있다는 아쉬움이 있다. 이렇게 다른 스타일의 예배를 마련하는 일은 어쩌면 교회 안에서조차 나의 만족, 나의 요구, 나의 스타일만을 중시하는 세상 풍조를 반영하거나 조장하고 있는 것은 아닌지 모르겠다.

노래든, 악기든, 무슨 스타일이든 나와 다른 취향을 받아들이고, 어린이의 분주함이나 어수선함도 용납하며 참아 주어서 모든 세대가 함께 어우러져 예배하는 공동체의 모습은 참 아름답지 않을까? 그런 예배에서는 어린이가 순서를 담당하는 모습도 어색함 없이 받아들일 수 있을 것이다. 이를테면, 어린이가 성경 봉독을 하거나, 헌금 위원으로 봉사하거나, 어린이 성가대가 찬양을 할 수도 있다. 겸손과 온유와 오래 참음으로 함께 어우러져 예배한다면 성인들의 영적 성장에도, 그리고 어린이들의 신앙 형성에도 유익하지 않을까? 물론 이것이 예배의 목적이 될 수는 없다.

아무튼 이런 일들은 조금만 생각하면 교육을 통해서 충분히 함께 만들어 나갈 수 있는 일이기에 더욱 아쉬움이 남는다.

예배자는 "인지하며" 예배해야 한다

둘째로, 예배자는 온전히, 그리고 "인지하며" 예배에 참여한다. 인지하며 예배에 참여한다는 말은 예배 행위와 예배 내용에 대해서 이해하고 있음을 의미한다. 의식 없이 습관적이거나 의미를 알지 못한 채 예배의 자리에 앉아 있는 것이 아니라, 지금 내가 무엇을 하는지, 무엇을 듣는지, 또는 무엇을 말하는지에 대해 이해하면서 예배한다는 말이다.

이러한 참여가 당연하겠으나, 실제 예배의 현장은 그렇지 않은 경우가 종종 있다. 무의식적으로 예배에 동참하거나, 의미를 모른 채 무언가를 단지 암송하거나, 습관적으로 "아멘" 하기도 하지 않는가?

예를 들어 보자. 성가대가 찬양을 한다. 음악적인 면에서는 매우 뛰어난데 가사를 알아듣지 못하는 경우가 허다하다. 모든 파트가 같은 가사를 노래해도 명확하게 들리지 않을 때가 많은데, 각 파트가 앞서거니 뒤서거니 하면서 노래를 할 때면 무슨 내용인지 파악하기가 어렵다. 내가 찬양을 부르는 것은 아니지만 성가대가 부르는 찬양을 회중 모두의 찬양으로 여긴다면 정작 나는 찬양의 내용을 모르고 있다는 말이 된다. 그러면서도 성가대의 노래가 마치면 우리는 으레 "아멘"으로 응답하곤 한다.

좋은 찬양을 했으려니 믿어서겠지만, "인지하며" 참여했다고 보기는 어렵다. 이런 경우 해결 방법은 비교적 쉽다. 가사를 스크린에 보여 주거나 주보를 통해 알려 주면 된다.

악기로만 하는 연주는 어떤가? 아름다운 찬양 방법이지만, 공동 예배에서는 적합하지 않은 경우도 있다. 모두에게 익히 알려진 찬양곡이 아니라면 그렇다. 연주한 개인은 소중한 찬양을 하나님께 드렸을 테지만, 무슨 찬양인지 알지 못하는 회중에게는 단지 멋진 공연에 불과할 수 있다.

물론 이 경우도 회중은 좋은 찬양이었으려니 하면서 "아멘" 하겠지만, "인지하며" 참여한 것은 아니다. 더욱이 예배에 대한 이해가 부족한 사람이 예배에 전혀 적합하지 않은 곡을 연주하는 매우 우스꽝스런 경우도 충분히 가능하다. 실제로 이런 일이 일어난다.

언어의 사용에 있어서도 마찬가지다. 기도를 할 때나 설교를 할 때 회중이 이해할 수 있는 언어를 사용해야 한다. 신학 용어, 전문 용어의 사용이 이해에 도움을 주기도 하지만, 때로 "인지하며" 참여하는 예배에 걸림돌이 되기도 한다. 우리에게 익숙해진 어떤 의식이나 제스처나 행위도 예배의 참여에 도움이 될 수도 있고, 장애가 될 수도 있다.

특히 장애가 되는 경우에는 단지 "인지하며" 참여하는 데 방해가 되는 것으로 끝나지 않고 다른 위험에 이르는 요인이 될 수도 있다. 왜냐하면 인지하지 못하면서 하는 종교적인 행위가 반복되면 그 행위에 신비로움이나 성스러움이 부여되기 쉽고, 극단적으로는 우상 숭배의 실마리를 제공할 수 있음을 배제할 수 없기 때문이다. 교회 역사에서도 그런 일을 찾아볼 수 있다.

공동체 모두가 "인지하며" 참여하는 예배를 위해 가능한 모든 예배자의 눈높이에 맞추어 예배가 준비되고 진행될 수 있도록 노력해야 한다. 정기적인 예배 교육도 이에 큰 도움이 될 것이다.

예배자는 "적극적으로" 예배해야 한다

셋째로, 예배자는 온전히, 인지하며, 그리고 "적극적으로" 예배에 참여한다. 이것은 예배자가 얼마나 주도적으로 예배에 참여하느냐에 관한 문제다. 우리 시대의 예배자들은 얼마나 적극적으로 예배에 참여하고 있을까?

우선 멀리 구약 시대와 비교해 보자. 구약 시대의 예배자들은 제사장만이 들어설 수 있는 선을 넘어 예배할 수 없었기에 지금 우리의 예배 참여는 그들보다는 매우 적극적이고 주도적이라고 생각할 수도 있다. 오늘날 우리는 하나님의 임재가 있는 지성소에 다 같이 모여 예배하고 있는 것이니 말이다. 당시 그들로서는 상상조차 할 수 없는 일이 아닌가? 그러나 꼭 그렇지는 않을 수도 있다.

"구약 시대 예배자는 어떻게 예배했을까?"라고 물으면 아마도 이렇게 대답할 것이다. "예배자들이 동물을 성전에 가져오면 나머지는 제사장과 레위인이 알아서 했을 것이다"라고 말이다. 그러나 희생 제사 드림에 대해 알려 주는 레위기 1장을 조금만 세심히 읽어 보면 그렇지 않다는 사실을 알 수 있다. 레위기를 보자.

희생 제물로 드릴 동물을 성전까지 누가 가져오는가? 물론 예배자다. 그럼 속죄를 위해 그 제물의 머리에 누가 안수하는가? 그것도 예배자다. 그 제물을 누가 잡는가? 이번에도 예배자다. 물론 그 피는 제사장이 뿌리지만, 그 제물의 가죽을 누가 벗기고 각을 뜨는가? 또 예배자다. 제물을 불 위에 있는 나무에 올려놓는 사람은 제사장이지만, 그 제물의 내장과 정강이는 누가 씻는가? 이 또한 예배자다. 제단 위에서 불살라 번제를 드리는 일은 물론 제사장의 일이다.

이쯤 되면 참여 면에 있어서 구약 시대와 현대 중에 어느 시대가 더 적극적일지를 묻는다면, 물론 각 교회마다 상황은 다르겠으나 우리가 구약의 예배자보다 더 적극적이라고 말하기는 그리 쉽지 않을 수 있다.

예배의 전 과정이 사제와 성가대의 전유물이었던 중세와 비교하면 지금의 예배는 모두가 매우 적극적으로 참여하는 예배라 하겠으나, 아직도 회중이 관람객의 자리에서 서성이는 현상이 있음을 부인하기 어렵다. 물론 모든 회중이 모든 순서를 다 맡아서 할 수는 없다. 설교자는 설교자의 일을 하고, 기도자는 기도자의 일을 하고, 홀로 노래하는 자는 또 그 역할을 한다. 하지만 예배자가 더욱 "적극적으로" 참여하는 예배를 그려 볼 수 있지 않을까?

오래된 이야기이지만 쇠렌 키르케고르(Søren Kierkegaard)가 사용했던 은유를 예배에 적용해 보자. 키르케고르는 연극에는 세 그룹이 함께한다고 했다. 배우, 관객, 그리고 프롬프터(prompter, 배우가 대사나 동작을 잊어버리지 않도록 시간에 맞춰 미리 대사를 읽어 주거나 동작을 알려 주는 역할을 하는 사람)이다. 요즘 프롬프터는 보통 방송국에서 아나운서나 가수들에게 원고나 가사를 보여 주는 장치가 대신한다.

프롬프터는 배우에게 도움이 될 수 있도록 속도를 적절하게 조절하며 말해야 했는데, 관중에게는 보이지 않아야 하고 그 소리도 물론 들리지 않아야 했다. 요즘으로 말하면 교회에서 주일학교 아이들이 발표회를 할 때 앞자리에서 아이들과 함께 율동하는 선생님과도 같다고 할 수 있겠다.

이 세 그룹을 예배에 단순하게 적용해 보면, '배우'는 회중이고, '관중'은 하나님이고, '프롬프터'는 예배 인도자라고 하면 적절할까? 물론 성령도 프롬프터의 역할을 해주실 것이다. 예배 인도자도 예배자이므로 프롬프터의 자리에만 머물지 않고 배우의 역할도 함께 해야 함은 물론이다. 또한 예배 인도자는 구약의 제사장이 아니므로 예배자를 대신하는 역할이 그에게는 없음을 예배 인도자 자신이나 회중 모두가 인식해야 한다.

그런데 예배 인도자들을 배우로, 그리고 회중을 관중으로 인식한 시절이 있었고, 지금도 그런 상황이 연출되기도 한다. 그런 경우 하나님의 자리는 희미하게 사라진다. 예배 인도자와 회중의 참여 정도가 서로 현저히 다른 예배가 되고 만다. 연극에서 프롬프터는 관객에게 보이지 않는 곳에서 맡은 역할을 하는 사람임에도 불구하고, 프롬프터 역할을 하는 예배 인도자가 지나치게 주목을 받거나 예배하는 일이 그들에게 독점되는 듯한 모습도 보인다. 그래서 회중과 분리된 특별 계층이 되어 버리기도 한다.

주로 현대적인 예배 스타일의 현장에서 만나기 쉬운 현상이다. 종종 무대는 환하게 스포트라이트를 받고, 회중석은 그 무대에서 일어나는 일을 관람하는 콘서트장처럼 어두운 경우도 있다. 회중을 관중으로 오해하게 만들기 쉬운 환경이다.

현대적인 스타일의 예배 현장에서 종종 예배 인도자들로부터 나오는 목소리와 음악 소리가 회중의 소리를 압도할 만큼 크다는 것도 적극적인 예배의 참여에 있어 고려해 볼 문제다. 옆 사람은 물론 자신의 목소리조차 듣기 어려운 때도 있다.

이런 환경을 선호하는 사람들도 물론 있을 것이다. 하지만 이런 예배 환경에서는 예배자의 적극적인 참여를 조장하기가 어려울 뿐만 아니라, 모두가 함께 예배하는 공동체임을 느끼기도 쉽지가 않다. 콘서트장과 흡사한 분위기가 조성되었기 때문인지는 모르겠으나, 예배 인도자들은 감격하면서 적극적인 반면, 회중석의 예배자들은 그다지 열정적이지 못하고 입을 다문 채 무덤덤하게 박자에 맞추어 손뼉만 치는 모습도 보인다.

현대적인 스타일의 예배가 처음 시작될 당시만 해도 예배 인도자들이 배우의 역할을 독점하지 않았다. 오히려 소극적이던 예배자들을 열정적이고 적극적인 배우로 나서도록 돕는 프롬프터의 역할을 충실히 했다. 그것이 현대적인 스타일의 예배를 디자인한 이유 중 하나이기도 하다.

그런데 이제 다시 예배자들의 소극적인 모습이 발견되는 이유는 무엇일까? 어쩌면 시간이 흐르면서 프롬프터가 그 역할을 잊고 두드러진 배우로 나섰기 때문일 수도 있다. 어쩌면 부르는 노래들의 음악적인 난이도가 높아져 예배자들의 역량으로는 감당하기 쉽지 않아서일 수도 있다. 어쩌면 매주 등장하는 새로운 노래들에 익숙하지 않아 예배자들이 움츠러들었기 때문일 수도 있다.

비단 음악적인 요소만이 아니다. 회중이 가장 적극적으로 참여하며 예배할 것을 기대했던 현대적인 스타일의 예배에는 예배자를 오히려 관중의 자리로 돌아가도록 만들기 쉬운 다른 요소가 있음을 주지해야 한다. 이를테면, 적극적인 참여를 이유로 회중에게 강요하는 것도 적극적인 참여에 도리어 역효과를 낸다.

성경에 그 예가 있다는 이유만으로 각 예배 공동체가 가진 성향을 무시한 채 이런저런 동작을 하도록 권유하는 것을 성경적인 예배 방식의 회복이라고 말하기는 어렵다. 어떤 민족에게는 성경의 예처럼 춤을 추며 예배하도록 하는 것이 그들의 적극적인 참여를 일으키겠지만, 어떤 민족에게는 그것이 참여하고자 하는 의지 자체를 잃어버리게 만들 수도 있다. 적극적인 참여의 실제는 각 민족마다, 각 회중마다 다르게 표현될 것이다.

　예배의 주체는 예배자 모두다. 예배는 모두가 함께 어우러져 하는 일이다. 그리고 하나님 앞에 선 예배자 한 사람, 한 사람은 자신의 모든 것으로 예배함이 마땅하다. 하나님은 그런 예배를 받으시기에 합당한 분이시기 때문이다.

　"내 영혼아 여호와를 송축하라 내 속에 있는 것들아 다 그의 거룩한 이름을 송축하라"(시 103:1)라는 다윗의 고백처럼 나의 모든 것으로 하나님께 반응하며 예배하자.

보다 예배다운
예배를 꿈꾸다
SPIRIT &
PRACTICES OF
WORSHIP

05

예배의 느낌은
하나님을 즐거워하는
기쁨이다

Joyful Celebration

SPIRIT &
PRACTICES OF
WORSHIP

우리는 기쁨으로
하나님을 예배한다

    예배는 하나님의 성품, 하나님이 하신 일, 하고 계시는 일, 그리고 앞으로 하실 일에 대한 믿음의 반응이다. 그러므로 예배의 내용과 행위에 스며 있는 감정은 감사, 기대, 신뢰, 헌신을 표현하는 '기쁨'이다. 예배를 감싸고 있는 감정은 기쁨이다. 하나님으로 인한 기쁨이다. 우리는 기쁨으로 하나님을 예배한다.

    우리는 이 말에 당장 이렇게 반응할 수 있다. "나에게, 예배 공동체에, 나라에, 혹은 세계에 원하지 않은 일이 일어날 때도 우리는 기쁨으로 응답하며 예배해야 하는가? 그것은 현실 도피적이고 정직하지 못한 예배가 아닌가?"

실제로 많은 사람이 그렇게 주장한다. 시편에 인간의 희로애락을 표현하는 다양한 내용이 담겨 있는 것처럼, 우리도 예배에서 그처럼 다양한 감정을 하나님 앞에서 표현해야 하지 않느냐고 말한다. 예배의 자리에서 아픔을 감추지 말고 토로하며 울어야 한다고 주장한다. 예배는 기쁨만 포함해서는 안 되고, 우리의 현실로부터 오는 슬픔도 포함해야 바른 예배라고도 한다.

이런 주장은 분명 사람들에게 매우 위로를 준다. 그리고 어려움 가운데 있는 사람들을 배려하는 매우 인간미 넘치는 말이다. 그렇지 않은가?

기쁨이라는 말을 먼저 생각해 보자. 바울은 감옥에 갇혀 있으면서 빌립보교회 성도들에게 이렇게 말했다.

"주 안에서 항상 기뻐하라 내가 다시 말하노니 기뻐하라"(빌 4:4).

세상이 아니라 주를 인하여 기뻐하라는 뜻이다. 이 편지를 쓴 바울이나, 당시 빌립보교회 성도들이나, 그들을 둘러싼 현실을 떠올려 보라. 그리 기뻐할 일이 있었겠는가? 오히려 그 반대라면 모르겠지만 말이다. 그런 그들에게 바울은 현실을 무시하고 마냥 기뻐하라고 말한 것이 아니다. 그렇기에 '주 안에서' 기뻐하라고 하지 않는가?

그때나 지금이나 우리가 처한 현실을 어떻게 바라보느냐에 따라 항상 기뻐할 수도 있고, 기뻐할 일이 그다지 없을 수도 있다. 그렇기에 '주 안에서' 기뻐하라고 하지 않는가? 이 기쁨은 아마도 주님이 하신 다음과 같은 말씀에 대한 확신으로부터 오는 것이 아닐까?

"평안을 너희에게 끼치노니 곧 나의 평안을 너희에게 주노라 내가 너희에게 주는 것은 세상이 주는 것과 같지 아니하니라 너희는 마음에 근심하지도 말고 두려워하지도 말라"(요 14:27).

"이것을 너희에게 이르는 것은 너희로 내 안에서 평안을 누리게 하려 함이라 세상에서는 너희가 환난을 당하나 담대하라 내가 세상을 이기었노라"(요 16:33).

틀림없이 이 말씀들에 근거해서 가질 수 있는 기쁨일 것이다. 그러므로 이 기쁨은 우리를 둘러싼 현실로부터 생겨나는 기쁨이 아니라, 신앙에 기초한 견고한 기쁨을 말한다. 예배 가운데 하나님의 성품과 주권을 인정하고 선포할 때 느껴지는 가슴 벅찬 기쁨을 의미한다. 일상생활에서는 하나님의 하나님 되심을 혹 잊고 살았다 하더라도, 특별한 주의 임재를 만나는 예배의 자리에서는 세상의 에워쌈과 세상이 주는 무너짐을 용납하지 않고 주 안에서 담대하게 기뻐하기로 선언하며 찬양하겠다는 마음을 품을 수 있게 하는 그런 기쁨 말이다.

그런 기쁨은 잠잠함으로도, 큰 소리로 노래하거나 소리침으로도, 일어나 손을 들고 춤을 춤으로도, 감정이 복받쳐 오르는 울음으로도 표현될 수 있다. 예배의 자리에 하나님의 영광이 가득하기에 엄숙하게 서 있을 수밖에 없을지라도, 우리는 '주 안에서' 기뻐하며 예배할 수 있다. 그 엄숙함이 기쁨을 억누르지 않고, 그 기쁨이 엄숙함을 가벼이 여기게 하지도 않는다. 과장하거나 거짓되이 떠들어 대거나 경솔함이 없는 가슴 벅찬 기쁨이다.

물론 기쁨으로 예배하기란 현실에 쉽게 의존하는 우리에게는 쉽지 않은 일이다. 그러나 하나님의 성품에 반응해 응답하는 예배의 본래 목적에 집중하면 성경이 말하는 기쁨으로 예배할 수 있지 않겠는가?

예배는 우리의 문제를 하나님께 가져오는 시간이 아니다. 오히려 우리의 문제가 하나님의 다스리심 아래 있음이 선포되는 시간이다. 우리를 에워싼 상황에 둘러쳐 있는 하나님의 선한 인도하심이 더 확실히 보이는 시간이다.

나와 내 상황이 내가 예배하는 이유인가? 아니면 하나님의 통치하심, 신실하심, 거룩하심, 은혜 베푸심 등 하나님이 어떤 분이신가가 내가 예배하는 이유인가? 예배하는 이유를 무엇에 두느냐에 따라 우리는 언제나 기뻐하며 예배할 수도 있고, 어쩌다 기뻐하며 예배할 수도 있다.

예배는 우리가 처한 어떤 상황에도 불구하고 하나님의 하나님 되심을 인정하며, 하나님의 선하심을 노래하며, 하나님을 즐거워하는 시간이다. 그렇기에 기뻐하며 예배할 수 없다면 잘못된 동기를 가지고 예배의 자리에 와 있는 것일 수 있다. 예배에서 표현되는 기쁨이 상황에서 비롯된 것이라면 과연 우리는 평생 얼마나 기쁨으로 예배할 수 있을까?

시편을 살펴보자. 시편이 다루고 있는 주제는 광범위하다. 인생의 희로애락뿐만 아니라 매우 많은 주제가 담겨 있다. 그리고 쓰인 목적과 의도도 모두 다르다. 찬양, 기도, 간증, 경고, 회개, 격려, 위로, 한탄, 탄원, 그리고 교육을 위한 목적 등 매우 다양하다. 그렇기에 예배에 적합하지 않은 내용 또한 많음을 인식할 필요가 있다.

이 말은 시편에는 매우 아름다운 신앙의 표현들이 많아서 신앙에 도움을 주는 시가 많은 것은 분명하지만, 예배를 위해서는 적절한 시를 선별해서 사용해야 한다는 의미다. 예를 들어, 교육에는 적절하지만 예배에는 적합하지 않은 시가 있다. 또한 한탄하는 내용의 시편을 읽으면서 우리 마음도 그렇다고 동의할 수 있으나 예배에는 어울리지 않는 경우도 있다.

우리는 인생의 희로애락을 말하려고 예배의 자리에 오는 것이 아니다. 오히려 희로애락 중에 함께하시는 인생의 주관자 하나님을 높이기 위해 모이는 것이다. 우리의 예배는 인생의 희로애락에 이끌려서 기뻐하거나 슬퍼하는 예배가 아니라, 우리 인생을 인도하시는 신실하신 하나님에 대한 신뢰로부터 오는 진정한 기쁨의 예배다.

예배는 하나님으로 인한, 하나님에 대한 기쁨의 응답이다

예배를 감싸는 느낌은 기쁨이다. 이는 우리가 예배하는 이유가 내가 아니라 하나님이심을 또다시 상기시킨다. 예배의 중심이 하나님이심을 다시 한 번 일깨워 준다. 예배는 우리 인생에서 일어나는 사건들에 의해 좌우되는 일이 아니라 우리 인생의 주관자이신 하나님께 몰두하는 일이기에 어떤 상황에서도 하나님께 소망을 두고 하나님을 즐거워하며 예배할 수 있음을 상기시킨다. '예배로의 부름'을 듣는 순간, 우리는 그 하나님의 백성이라는 우리의 참 신분을 다시 확인하며 하나님의 특별한 임재 안에 우리를 내놓는다.

현실을 도피하라는 의미가 아니다. 현실의 주관자를 보라는 뜻이다. 현실을 무시하며 예배하라는 의도가 아니다. 현실에 영향을 받지 않는 예배자로 서라는 말이다. 기쁨으로 예배하지 못하게 할 만한 일들은 우리 인생에 가득하다. 동시에 인생에서 어떤 사건도 우리를 기쁨으로 예배하지 못하게 만들 수 없다. 그것은 우리의 결단에 달려 있다.

그렇다고 말처럼 쉬운 일은 아니다. 하지만 우리는 성령이 우리를 도우실 것을 안다. 그러니 현실이 아니라 하나님께 집중하고 신뢰의 마음으로 예배하자. 상황이 아니라 하나님의 임재에 사로잡혀 감사와 기쁨으로 하나님을 예배하자.

주일이 쉬는 날로 지정된 때는 주후 321년이다. 그전에도 이미 초대교회 성도들은 휴일이 아니었던 주일에 모임을 갖기 시작했다. 예수 그리스도의 부활을 기념하기 위해서 함께 모여 찬송하고, 기도하고, 말씀을 듣고, 성찬의 떡과 잔을 나누었다. 그들에게 주일은 언제나 기쁜 날이었다. 매주 돌아오는 '작은 부활절'이라고 불리기도 했다. 이렇듯 부활의 의미와 기쁨은 1년에 한 번이 아니라 매주 모이는 모임의 주제였다. 부활절을 연간 행사로 지키기 시작한 것은 한참 뒤의 일이다.

초대교회 성도들의 주일 모임은 예수 그리스도의 부활을 기념하고 다시 오심을 기다리는 자리였으니, 핍박을 받는 중에도 기쁨의 시간이 아닐 수 없었을 것이다. 그래서 주일에는 금식도 하지 않았다. 한 예로, 사순절은 40일 동안 지키는 절기이지만, 주일을 포함하면 총 46일이다. 그 기간 중에 들어 있는 주일은 부활의 주를 기념하는 기쁜 날이기 때문에 금식하지 않고 사순절 기간에 포함시키지 않기에 사순절이 40일이 되는 것이다. 그때나 지금이나 주일 모임은 과거를 기억하고, 현재에 감사하며, 미래를 소망하는 축제의 현장이다.

초대교회 성도들이 기념했던 성찬 모임 또한 그리스도를 기념하고, 감사하고, 다시 오심을 기다리는 모임이었다. 그러나 훗날 그리스도의 인간적인 고통과 죽으심을 슬퍼하고 우리의 죄에 초점을 맞추기 시작했다. 그로 인해 그야말로 내 죄 때문에 돌아가신 인간 예수님의 장례식을 재연하는 듯한 성격이 강해진 것은 참으로 안타까운 일이다.

이처럼 우리는 예배에서 우리에게 초점을 맞추려는 경향이 있다. 우리의 죄, 우리의 자격 없음 등 말이다. 사실 자격으로 따진다면 우리는 본래 예배할 자격이 없는 진노의 자녀였지만 이제는 예수 그리스도로 인해서 언제나 예배할 수 있는 자의 신분을 가졌다. 그러므로 기쁨으로 예배할 수밖에 없지 않은가!

기쁨은 가벼움과는 다르다. 기쁨은 웃음과도 다르다. 기쁨은 다양하게 표현된다. 복받쳐 오르는 울음으로도 표현된다. 잠잠함으로도 표현된다. 각자 표현 방법은 다르겠지만 예배는 하나님으로 인한, 그리고 하나님에 대한 기쁨의 응답이다.

보다 예배다운
예배를 꿈꾸다

SPIRIT &
PRACTICES OF
WORSHIP

예배의 실제를 다시 생각하며

Practices of Worship

01

예배로의 부름

Call to Worship

SPIRIT &
PRACTICES OF
WORSHIP

'예배로의 부름',
고귀한 예배의 시작을 알리는 선포

예배는 보통 '예배로의 부름' 혹은 '예배로의 초청'이라는 순서로 시작한다. 이런 부름(초청)은 누가 누구를 부르는 것일까? 다음 3가지 중 하나일 것이다. 첫째, 하나님이 우리를 예배의 자리로 부르신다. 둘째, 우리(보통 예배 인도자)가 하나님을 예배의 자리로 오시도록 청한다. 셋째, 예배 인도자가 성도들을 예배하자고 부른다.

첫째, 하나님이 우리를 예배의 자리로 부르시는가? 맞는 말이다. 우리는 하나님이 우리를 예배의 자리로 부르셨기 때문에 함께 모여서 예배할 수 있다.

그런데 예배 인도자가 '예배로의 부름'이라는 선언을 하는 바로 그

때, 하나님이 우리를 예배의 자리로 부르시는 것일까? 그렇게 보기는 어렵다. 우리가 예배의 자리로 나아옴의 당위성은 우리가 창조될 때 이미 우리의 정체성 안에 새겨져 있다고 볼 수 있다. 우리가 예배하는 당위성은 하나님의 하나님 되심과 사람의 사람 됨에 있기 때문이다. 하나님이 이사야를 통해서 하신 말씀이 이 사실을 우리에게 상기시켜 준다.

"이 백성은 내가 나를 위하여 지었나니 나를 찬송하게 하려 함이니라"(사 43:21).

그런 면에서 '예배로의 부름'은 우리의 정체성에 대한 고백이요, 재확인이기도 하다. 우리는 창조로 인해 부여된 우리의 정체성과 그때 이미 우리에게 주어진 예배의 당위성에 기인해 예배의 자리로 나오는 것이다. 주일날 예배를 시작하는 그 시각이 아니라, 하나님이 우리를 지으실 때 이미 우리를 예배하도록 부르셨다.

둘째, 우리가 하나님을 예배의 자리로 오시도록 부르는 것인가? 다른 종교라면 어울리는 말이다. 다른 종교에서는 이런저런 방법과 의식을 통해 그들이 믿는 존재가 그들이 모인 자리에 내려오도록 부르기 때문이다. 그러나 기독교 예배는 다르다. 우리를 예배의 자리로 부르신 하나님은 이미 그 예배의 자리에 계신다. 하나님은 우리가 불러서 오시는 분이 아니다.

'예배로의 부름'은 하나님을 오시도록 부르는 시간이 아니다. 비단 이 시간뿐만 아니라, 예배 중의 어떤 시간에도 기도나 노래나 예배 인도자의 말을 통해서나 하나님을 우리가 모인 예배의 현장에 오시도록 요청하는 말은 적절하지 못하다.

물론 그런 간구는 우리의 간절함을 표현하고자 하는 의도이겠거니 하고 이해할 수는 있다. 하지만 예배의 자리에 이미 임재해 계신 하나님을 내가 생각한 방법으로 느끼지 못한다고 해서 하나님의 임재를 요청하는 습관적인 언어를 사용하는 것은 하나님의 임재를 부인하는 고백에 불과하지 않겠는가?

셋째, 예배 인도자가 성도들을 예배하자고 부르는 것인가? '예배로의 부름'이 선언되는 시간에 성도들은 이미 예배의 자리에 다 모여 있다. 그러므로 '예배로의 부름'은 하나님의 임재 앞에 우리가 함께 예배자로 모였음을 일깨워 주는 시간이다. 예배함의 당위성을 다시 한 번 확인시키면서 예배에 동참할 것을 선언하는 시간이다.

그런 면에서 '예배로의 부름'이나 '예배로의 초청'보다는 '예배의 선포'나 '예배의 선언'이라는 말이 더 적합할 수 있다. 우리가 하나의 목적, 곧 하나님께 감사로 응답하고 하나님을 찬양하며 높이기 위해 모였음을 상기시키며 그 고귀한 예배의 시작을 알리는 선포 말이다.

'예배로의 부름'은 우리의 마음과 영을 향해 외치는 선언이다. 그런데 아쉽게도 준비되지 않은 채 대수롭지 않게 얼버무리며 지나가는 순서처럼 여기는 경우도 종종 있다. 이제 곧 우리가 함께 예배할 이 자리가 과연 어떤 곳인지를 안다면 '예배로의 부름'은 물론 예배 전체를 대하는 우리의 자세가 사뭇 달라질 것이다.

'예배로의 부름'의 다양한 사례 및 제안

천상의 예배를 이렇게 한번 상상해 보자. 온 세계, 그리고 창조 이후로 살았던 온 세대로부터 모인 셀 수 없이 많은 악기 연주자로 구성된 오케스트라가 음악을 연주하고 있다. 그 음악에 맞추어 그동안 이 땅에 살았던 셀 수 없이 많은 노래하는 자로 구성된 합창단과 천사들이 노래하고 있다. 그리고 그들의 노래와 어우러져 그야말로 모래알보다 더 많은 성도의 합창을 통해 나오는 "많은 물 소리와도 같고 큰 우렛소리와도 같은"(계 14:2) 찬양의 소리가 울리고 있다. 그 가운데 하나님이 계시고, 그리스도가 계시고, 성령이 운행하시는 예배 장면이다.

그런 천상의 예배 현장이 우리가 예배하는 시간에 우리가 모인 바로 그 자리에 열리는 모습을 그려 보자. 우리는 이런 예배의 현장에서 그들과 함께 하나님을 예배한다. 이 땅의 어떤 작은 교회에 몇 명이 모여 예배한다 해도, 혹은 어쩔 수 없이 병실에 홀로 앉아 작은 화면을 통해 예배 영상을 보며 예배한다 해도 우리는 예배할 때마다 그 놀라운 예배의 현장 속에서 함께 예배한다. 그 현장 속으로 들어가는 예배의 첫 소리가 바로 '예배로의 부름'이다.

우리 모두가 그 천상의 예배의 일부가 되어 예배한다는 사실을 '예배로의 부름'이 선언될 때부터 깨닫고 느낄 수 있다면 얼마나 좋을까? "자, 이제 시간이 되었으므로 예배를 시작하겠습니다"라는 말보다, 혹은 한두 마디 가벼운 이야기를 하고 나서 "예배합시다"라고 말하기보다 우리가 그려 본 천상의 예배에 어울리는 '예배로의 부름'을 선언하도록 준비하는 것은 예배 인도자들이 마땅히 가져야 할 자세다. 시간이 되었다는 것이 우리가 예배하는 이유는 아니지 않은가? 우리에게는 그보다 더 고귀한 예배하는 이유가 있지 않은가?

그렇다면 다음과 같은 '예배로의 부름'은 어떤가? "다 같이 묵도하심으로 하나님께 예배드리겠습니다." 아마도 아직까지 한국 교회 예배(특히 전통적인 스타일의 예배 모임)에서 가장 많이 들을 수 있는 '예배로의 부름'의 예 중 하나일 것이다. 이 표현은 종교적인 의식은 엄숙한 가운데 진행되어야 한다고 생각하는 우리 문화와 어울리는 '예배로의 부름'일 듯하다. (하지만 대부분의 경우 '묵도'를 하기가 어렵다. 예배 인도자가 '예배로의 부름'을 마치자마자 '묵도'라는 말에 어울리지 않는 매우 힘이 있는 소리로 악기가 연주되거나 성가대의 송영이 이어지는 경우가 많기 때문이다.)

묵도 혹은 잠잠함으로 시작하는 예배에 대해 생각해 보자. 묵도와 어울리는 표현으로 '예배로의 부름'에 자주 인용되는 성경 구절들이 있다.

"너희는 가만히 있어 내가 하나님 됨을 알지어다 내가 뭇 나라 중에서 높임을 받으리라"(시 46:10).

"오직 여호와는 그 성전에 계시니 온 땅은 그 앞에서 잠잠할지니라"(합 2:20).

우리를 엄숙한 침묵 속으로 이끌기에 충분한 말씀이다. 그런데 이 말씀들이 과연 '예배로의 부름'에 어울릴까? 이 말씀들을 사용하기에 앞서 각 말씀의 배경을 살펴볼 필요가 있다. 구약 시대 사람들이 이 말씀들을 들으면 어떤 생각을 할까? 예배할 준비를 할까?

시편 46편 말씀 속의 사람들이라면 "땅을 황무지로"(8절) 만들어 버리시고, "땅끝까지 전쟁을 쉬게" 하시며, "활을 꺾고 창을 끊으며 수레를 불사르시는"(9절) 강하신 하나님이 그들의 대적을 어떻게 무찌

르실지 '가만히' 지켜볼 준비를 할 것이다. 하박국 2장 말씀 속의 사람들도 비슷하다. 하나님 앞에서 악을 행한 자들에게 그 권능을 드러내며 엄하게 심판하실 하나님 앞에서 '잠잠히' 기다릴 것이다. 예배하기 위해 하나님을 묵상하며 가만히 있는 잠잠함이 아니라, 두려움으로 인한 침묵에 어울리는 잠잠함이다.

그러므로 '가만히' 혹은 '잠잠히'와 같은 단어가 들어 있어서 묵도와 잘 어울릴 것이라는 생각에 그 말씀들로 '예배로의 부름'을 선언하는 것은 바람직하지 못하다. 성경 말씀 한두 구절을 그 배경과 관계없이 자의적으로 적용한 예라고 볼 수밖에 없다.

더욱이 우리는 하나님 앞에서 잠잠히 침묵하며 가만히 있으려고 예배의 자리에 모인 것이 아니다. 물론 예배 중에 하나님의 임재 안에서 잠잠히 침묵하고 있어야 할 때도 있다. 하나님의 임재로부터 오는 초월적인 경이로움을 경험하고 있다면 아마도 침묵할 수밖에 없을 것이다. 성령이 그리 인도하시면 우리는 언제든지 가만히 있어야 한다. 그러나 우리가 하나님을 예배하러 온 목적은 침묵하며 잠잠히 있으려는 것이 아니다. 오히려 손바닥을 치고, 노래하고, 공교히 연주하며, 하나님께 '즐거운 소리'를 내기 위해서 모인 것이다(시 33:3, 47:1, 66:1).

예배의 첫 시작에 예배자들에게 침묵하게 하는 것은 예배의 본질과 매우 떨어져 있다. 침묵하도록 요청하는 것보다 오히려 기쁨의 큰 소리를 내도록 요청하는 것이 어울린다. 이제 곧 가슴 뛰는 엄청난 일이 일어날 것을 기대하게끔 하는 첫 소리가 되도록 말이다. 앞에서 그려 보았던 천상의 예배에 동참할 것을 선언하는 '예배로의 부름'이라면 폭포수 같은 큰 소리를 내도록 하는 것이 성경적이지 않을까?

성경 말씀으로 '예배로의 부름'을 하는 경우, 가장 적합하며 많이 읽히는 말씀은 아마도 시편 95편과 100편일 것이다.

> "온 땅이여 여호와께 즐거운 찬송을 부를지어다 기쁨으로 여호와를 섬기며 노래하면서 그의 앞에 나아갈지어다 여호와가 우리 하나님이신 줄 너희는 알지어다 그는 우리를 지으신 이요 우리는 그의 것이니 그의 백성이요 그의 기르시는 양이로다 감사함으로 그의 문에 들어가며 찬송함으로 그의 궁정에 들어가서 그에게 감사하며 그의 이름을 송축할지어다"(시 100:1-4).

그러나 이 말씀처럼 성경 말씀을 그대로 읽는 것만으로 '예배로의 부름'을 선언할 수 있는 성경 구절은 사실 별로 없다. 많은 사람이 애송하는 성경 구절의 경우도 마찬가지다. 예를 들어, 시편 23편을 그대로 낭독한다고 해서 '예배로의 부름'이 되지는 않는다. '예배로의 부름'의 역할을 전혀 하지 못하는, 갈 곳 잃은 단순한 낭독에 그칠 뿐이다.

성경 말씀으로 '예배로의 부름'을 한다고 해서 그 예배가 성경적인 예배가 되는 것도 아니다. 굳이 성경 말씀을 인용하지 않고도 충분히 '예배로의 부름'을 할 수 있다. 하지만 성경 말씀을 인용할 경우, 단순히 말씀을 그대로 낭독하는 것이 아니라 '예배로의 부름'이 되도록 예배를 선언하는 말이 필요하다. 한 예로, 성경 말씀을 인용하면서 다음과 같이 '예배로의 부름'을 할 수 있다.

"다윗은 시편 23편에서 이렇게 하나님을 노래합니다. '여호와는 나의 목자시니 내게 부족함이 없으리로다 그가 나를 푸른 풀밭에 누이시며 쉴 만한 물가로 인도하시는도다'(1-2절). 다윗이 선포한 하나님이 지난 주간 우리와 함께하시며 우리를 선하게 인도하셨고 지금 우리 가운데 계십니다. 우리 모두 함께 일어나서 우리의 마음과 힘을 다해 찬양하며 하나님을 예배합시다!"

"요한계시록 5장은 수많은 천사가 큰 소리로 이렇게 외치며 하나님을 찬양한다고 기록하고 있습니다. '죽임을 당하신 어린양은 능력과 부와 지혜와 힘과 존귀와 영광과 찬송을 받으시기에 합당하도다'(12절). 우리의 찬양을 받으시기에 합당하신 하나님이 지금 이곳에 우리와 함께하십니다. 우리 모두 그 수많은 천사와 함께 큰 소리로 하나님을 찬양하며 예배합시다!"

이 '예배로의 부름'에 바로 이어서 모든 성도가 일어나 큰 소리로 송영을 부르면서 하나님을 찬양하며 예배를 시작할 수 있다.

"성부 성자와 성령 영원히 영광 받으옵소서 태초로 지금까지 또 길이 영원 무궁 성삼위께 영광 아멘"(새찬송가 4장).

'예배로의 부름'은 반드시 예배 인도자 혼자 선언해야 하는 것은 아니다. 예배 인도자와 성도들이 교독하며 할 수도 있다. 성가대가 노래로 할 수도 있고, 성가대와 회중이 교창할 수도 있다. 그 외 다른 여러 창의적인 방법으로 할 수도 있다. 다만 하나님을 드러내며, 하나님의 임재를 선포하고, 감사와 찬양으로 함께 예배하자는 내용이 포함된 선언이면 '예배로의 부름'의 역할을 감당하기에 적절하다.

보다 예배다운
예배를 꿈꾸다

SPIRIT &
PRACTICES OF
WORSHIP

02

예배 기원

Invocation

SPIRIT &
PRACTICES OF
WORSHIP

'예배 기원'의 의미와
의미 있는 제안

'예배로의 부름' 후에는 보통 기도를 하거나 노래를 부른다. 이때 하는 기도를 주로 '(예배) 기원'(祈願, Invocation)이라고 부른다. '개회 기도'(Opening Prayer)라고 부르기도 한다. 예배의 첫 기도다. '기원'은 '바라는 일이 이루어지기를 빈다'는 뜻이다. 영어로는 'invocation'인데, 도움을 청하는 기도, 혹은 도움을 청하기 위해 하나님을 부르는 기도를 의미한다. '기원'과 'invocation'의 이러한 말뜻으로 인해 예배의 첫 기도가 적절하지 못하게 인식되는 경우도 있다.

첫 기도에 우리는 무엇을 기도할까? '예배 기원' 순서는 하나님을 불러오는 시간이 아니다. 성령의 임재를 구하는 시간도 아니다. '예배로의 부름'에서 이미 선포했듯이 예배 모임에 하나님은 이미 계신다. 그러니 "우리가 모였으니 하나님이여, 오소서"라고 구하는 기도는 적절하지 않다. '예배 기원'은 우리가 하나님의 임재 안에 있음을 고백하며, 이 예배에서 오직 하나님만이 영광 받으시기를 구하는(기원하는, invoke) 기도다.

하나님의 임재를 잘 깨닫지 못하는 우리가 하나님의 임재가 이곳에 있음을 깨닫고 경험할 수 있도록 구하는 기도를 할 수도 있다. 그래서 우리가 온 마음과 뜻과 정성을 다해 하나님을 예배할 수 있도록 도와주시기를 구할 수 있다. 그러므로 '예배 기원'은 일반적인 간구 기도와는 다르다. 즉 회개를 하거나, 복을 내려 달라고 하거나, 선교를 위해서 기도하거나, 교회가 계획하는 어떤 일을 위해 기도하거나, 바라는 어떤 일이 이루어지기를 구하는 기도가 아니다. 간단히 이렇게 기도할 수 있다.

"전능하신 하나님, 예수 그리스도로 인하여 우리를 하나님의 은혜의 보좌로 인도하심을 감사합니다. 성부, 성자, 성령 하나님, 우리가 하나님의 거룩하신 이름을 찬양하며 예배하오니, 하나님을 향한 우리 마음과 입술의 찬양을 받아 주시옵소서. 하나님이 지금 이곳에 계시니 우리 한 사람, 한 사람을 만나 주시옵소서. 하나님을 예배하며 하나님의 임재를 깊이 경험하고 하나님을 즐거워하기를 원합니다. 예수님의 이름으로 기도합니다. 아멘."

"하나님, 주의 크신 은혜와 영원한 신실하심을 묵상하며 주의 존귀한 이름을 찬양합니다. 살아 계신 하나님, 예수 그리스도의 죽으심과 부활을 통해서 우리에게 베푸신 그 크신 사랑을 인하여 하나님을 찬양합니다. 성부, 성자, 성령 하나님, 영광과 존귀와 찬양을 받으시기 합당하시오니, 우리의 예배를 통하여 하나님만 높임을 받으소서. 우리가 하나님을 사랑합니다. 예수님의 이름으로 기도합니다. 아멘."

03

신앙고백

Affirmation of Faith

SPIRIT &
PRACTICES OF
WORSHIP

'신앙고백'의 역사적 배경

"예수는 주님이십니다!"

이 짧고도 단순한 한마디 말이면 그리스도인이라는 신앙고백으로 충분했다. 적어도 신약 시대와 초대교회 때는 그랬다. 하지만 시간이 흐르면서 이 단순함만으로는 충분하지 않게 되었다. 이 고백만 가지고는 참 믿음의 사람인지 알 수가 없기 때문이었다. 좀 더 확장된 내용을 담은 고백이 필요했다. 이런 배경에서 '사도신경'이 만들어졌다. 주후 2세기경에 초기의 내용이 갖추어지고 8세기경에 이르러서 현재의 모습이 확정되었다. 물론 사도신경이라고 불리지만 베드로나

요한 같은 사도들이 만든 것은 아니다.

이렇게 신앙고백이 확장됨으로써 그 신앙고백을 사용하는 우리가 얻는 유익이 있으나, 단순한 고백 속에 있던 "예수는 주"라는 주된 고백이 희석되어 버리지는 않았나 생각된다.

사도신경과 같은 신앙고백은 우리가 무엇을 믿는지, 우리의 신앙을 명확히 선언하는 고백이다. 즉 누군가 우리에게 무엇을 믿는지 묻는다면, "나는 ~을 믿습니다"라고 우리의 믿음을 선언하는 내용이다. 그래서 신앙고백은 신앙 교육과 교리의 가장 기본적인 골격이 된다. 세례를 받기 전에 새신자들을 교육하는 내용이었고, 세례를 받기 위해 필요한 고백이었다.

교회 역사의 초기부터 세례식을 할 때 신앙고백의 내용으로 묻고 대답했다. 물론 신약 시대에는 "예수는 주님이십니다"라는 고백만으로 세례를 받았으나, 시간이 지나면서 신앙고백에 대한 질문이 3가지로 늘어났다. 하나님 아버지, 예수 그리스도, 그리고 성령을 믿는지를 묻고 대답을 들은 후에 세례를 베풀었다. 그 질문은 사도신경의 근간이 되는 내용에서 비롯되었다.

이렇듯 사도신경은 하나님께 드리는 기도문이 아니라, 사람들이나 교회 앞에서 자신의 믿음을 말로써 표현하는 신앙의 선언이다. 교회가 신앙을 바로 지키고, 또 세대를 이어 전하기 위해 만들어 놓은 신앙 교육의 기본 내용이다.

그런데 언제부터인가 예배 속에서 이 신앙고백을 말하기 시작했다. 주후 4세기 한 지역의 예배 의식에서 처음으로 신앙고백이 등장한 기록이 있는데, 이때는 '니케아 신조'(Nicene Creed)를 사용했다. 중세 교회의 미사에서도 니케아 신조가 신앙고백으로 사용되었다. 종교개혁가들의 예전에도 등장하는데, 루터(Martin Luther)의 예전에서는 설교 전에 사도신경으로, 츠빙글리(Ulrich Zwingli)는 성찬식 전에 사도신경으로 신앙고백을 했다. 칼빈(John Calvin)의 예전에서는 성찬식을 준비하면서 사도신경을 노래로 고백했으며, 크랜머(Thomas Cranmer)의 예전에서는 설교 전에 니케아 신조로 신앙고백을 했다.

물론 주후 4세기 예전에서 처음으로 신앙고백이 등장한 이후로 모든 예전에서 신앙고백이 있었던 것은 아니고, 종교개혁 이후의 모든 예전에 신앙고백이 있었던 것도 아니다. 또한 현재 한국 교회 예배 모임에서는 사도신경으로 신앙고백을 하는 경우가 대부분이지만, 미국을 비롯한 다른 나라에서는 니케아 신조로 신앙고백을 하는 교회도 많다. 물론 예배 중에 신앙고백을 하는 순서가 없는 교회도 많다.

아무튼 예배 중에 사도신경으로 신앙고백을 하는 순서는 한국 교회에 늘 있어 왔다. 그 순서에 익숙해 있고, 당연시 여겨 왔던 한국 교회는 오래전 어떤 교회에서 예배 중에 신앙고백을 하지 않기로 결정하자 그 교회에 대해 이단성을 제기한 적이 있다.

어떤 교회가 사도신경의 내용이 옳지 않다고 부인하며 받아들이지 않는다면 그 교회는 올바른 교회로 인정될 수 없음이 당연하다. 하지만 예배 중에 사도신경으로 신앙고백을 하는 순서가 없다고 해서 이단성을 제기한 것은 참으로 우스운 일이 아닐 수 없다. 자기에게 익숙함을 옳음으로 여기고, 그 익숙함에서 벗어남을 그릇됨으로 단정한 오류가 아닐 수 없다. 사도신경을 예배 중에 고백하지 않는다고 해서 사도신경의 내용을 부인하고 믿지 않는 것은 아니다.

더구나 사도신경이나 니케아 신조는 예배 시간에 눈 감고 기도로 암송하기 위해서 만들어진 것이 아니다. 하나님을 예배하는 자리에 서 있는 우리는 우리가 무엇을 믿고 있는지를 정리해 놓은 신학적인 내용을 하나님께 외워서 말하려고 모인 것이 아니다. 사도신경이든 니케아 신조든 그런 신앙고백에 기초한 신앙을 가진 사람들이 하나님을 찬양하며 예배하러 모인 것이다.

사도신경 적용에 관한 제안

사도신경은 우리의 기도도 아니고, 하나님을 향한 우리의 고백도 아니다. 그런데 우리는 예배의 자리에서 사도신경을 기도문처럼 경건하게 외우고 "아멘"으로 마친다. 사실 사도신경이 있어야 할 자리는 예배 현장이 아니라 교육 현장이다. 예배에 사용하는 것은 어울리지 않는다. 그런데 그 본래의 목적이 잊힌 듯하다. 사도신경으로 하는 신앙고백이 예배 현장에서는 들리지만 교육 현장에서는 들리지 않는다. 그래서 뜻도 모른 채 의식처럼 암송하는 경우가 많다.

아무튼 무슨 이유로든 예배 현장에서 사도신경으로 신앙고백을 계속하기로 했다면, 가장 적절한 위치는 지금처럼 예배 초반부가 아니라 예배를 마치고 나가면서 하는 것이 적절하지 않을까 생각한다. 축도 후든지, 축도 전에 권면이 있는 경우 그 권면과 연계해서 할 수도 있다. 하나님께 드리는 말씀이 아니라 우리 스스로에게 선언하는 말로서 말이다.

함께 모여 하나님을 예배하고 이제 그 자리를 나서면서 서로를 향해 혹은 자신을 향해 신앙을 선언하며 재확인한다는 의미다. 내가 지금 선언하는 이 신앙고백을 상기하며 앞으로 한 주간을 그 신앙을 가진 자로 살아갈 것을 결단한다는 의미다. 그렇게 함으로써 동일한 신앙을 고백하는 사람이 나 말고도 이렇게 많이 있음을 다시 한 번 깨달으며 힘을 얻고 격려를 받는 유익이 있다.

그렇다면 우리가 그동안 해오던 것처럼 마치 기도같이 눈을 감고 외우기보다는 각 회중에 어울리는 다른 방법을 찾아보는 것이 그 유익을 극대화할 수 있지 않을까? 모두 함께 신앙고백을 노래로 부르며 선언하는 것도 좋은 방법이 될 수 있다. 노래로 하면 급히 외우며 지나가는 것보다는 우리에게 그 고백을 더 깊이 생각할 수 있는 여유를 주며, 또한 우리의 감정까지도 그 선언에 깊이 참여하는 데 도움을 줄 수 있기 때문이다.

물론 앞에서 언급한 바와 같이 꼭 사도신경이어야 할 필요는 없다. 시편 중에서 적절한 말씀을 택해서 사용할 수도 있다. 매 주일 설교를 포함해서 예배를 통해 경험된 메시지를 바탕으로 준비된 신앙고백을 모든 예배자가 함께 선언하고 예배당을 나선다면 더 의미 있고 영향력 있는 신앙고백이 될 수 있다. 매주 내용이 다른 신앙고백을 준비하는 일은 분명 쉽지 않은, 벅찬 일이 될 수도 있을 것이다. 하지만 그런 노력과 열정을 들이는 것 또한 선하고 귀한 일이 아닐까?

보다 예배다운
예배를 꿈꾸다

SPIRIT &
PRACTICES OF
WORSHIP

04

참회의 기도

Confession of Sins

SPIRIT &
PRACTICES OF
WORSHIP

'참회의 기도'가
예배의 한 요소로 편입된 역사적 배경

예배를 시작한 지 얼마 지나지 않아 보통 '참회의 기도'라는 순서가 있다. 예배자들에게 매우 엄숙한 감정을 갖게 하는 순서다. 자신을 돌아보며 회개하는 순서인 만큼 예배자들은 겸손한 마음은 물론 침울함마저 느끼기에 충분하다. 오랫동안 거의 모든 교회의 예배 순서에 있었던 '참회의 기도'는 어떤 교회에서는 여전히 매우 중요한 위치를 차지하고 있으나, 다른 어떤 교회에서는 이제 예배 순서에 포함되어 있지 않다.

그렇다면 예배와 '참회의 기도'는 어떤 관계가 있을까? 교회 역사에서 언제부터 '참회의 기도'가 우리가 드리는 예배 순서에 포함되었는지를 먼저 생각해 보자.

신약성경 시대와 초대교회의 주일 모임에는 '참회의 기도'가 어울리지 않았다. 그도 그럴 것이, 그들의 모임은 단순했다. 모임의 목적도 예배와는 달랐다. 사도행전의 기록처럼, 그들이 처음 모일 때는 예수님의 말씀을 가르치고, 배우고, 기도하고, 서로 교제하며, 떡을 떼는 것이 그들이 한 일이었다. 왜냐하면 예수님의 명령을 따라 제자 삼는 일을 하기 위해 모였기 때문이다. 시간이 흘러 주일날 모이는 정규적인 모임으로 바뀌었지만, 그 모임도 부활의 기쁨을 나누는 것이 목적이었다. 예배학자들이 보통 초대교회 예배 형성에 영향을 끼쳤을 것으로 보는 회당의 모임에도 '참회의 기도' 시간은 없었다.

주후 9세기경 중세 교회에는 미사가 시작되기 전에 사제들이 성구 보관소(Sacristy)에서 사제복으로 갈아입으면서 하던 기도(Vesting prayer)가 있었다고 알려진다. 사제들은 자신들의 죄를 고백하고 나서 미사가 행해질 본당으로 들어가 미사를 집전했다고 한다. 즉 사제들의 죄의 고백은 성스럽게 여기는 미사를 집전할 자로서 준비하는 과정으로 행한 개인적인 일이었다. 미사의 일부분은 아니었다. 이 기도를 '콘피테오르'(*Confiteor*)라고도 하는데, 라틴어 '콘피테오르'(I confess, 나는 고백합니다)라는 말로 기도가 시작되기 때문이다.

"콘피테오르 데오 에트 베아테 마리에…"(*Confiteor Deo et beatae*

Mariae…, 나는 하나님, 복된 마리아, 그리고 …에게 고백합니다. 나는 …한 죄를 지었습니다).

하나님, 마리아, 천사장 미가엘, 세례 요한, 베드로와 바울 등에게 하는 회개의 고백이었다. 후에 점차 미사가 많아지고 미사를 집전하는 사제들도 많아지면서 성구 보관소가 협소해졌다. 그래서 사제복으로 갈아입고 바로 본당으로 들어가서 그동안 해오던 대로 '참회의 기도'를 했다고 한다. 물론 미사가 시작되기 전에 사제 홀로 한 것이다. 그러다가 점차 이 기도가 미사 의식 안으로 들어왔다.

미사를 준비하는 사제의 개인 기도로 시작된 '참회의 기도'가 이제는 중세 교회 예전의 한 순서가 되고 회중도 "아멘"으로 이에 동참하기에 이르렀다.

그 후 '참회의 기도'는 주후 16세기 종교개혁가들이 마련한 예전에도 등장했다. 칼빈과 낙스(John Knox)에게 영향을 끼쳤던 부처(Martin Bucer)가 마련한 1539년의 예배 순서에 따르면, 주일 예배는 '참회의 기도'부터 시작한다. '참회의 기도'로 마련된 기도문 중에 하나는 십계명을 하나씩 열거하면서 그 계명을 어떻게 범했는지를 고백한다.

"전능하시고 영원하시고 자비로우신 하나님 아버지, 이 불쌍한 죄인이 하나님과 하나님의 계명에 여러 모양으로 죄를 지었음을 고백합니다. 한 분이신 하나님 아버지를 믿지 못하고 나의 하나님이신 창조주보다 피조물을 더 믿고 의지했음을 고백합니다. 이는 하나님보다 그것들을 더 두려워했기 때문입니다. 그것들로부터 얻는 유익과 즐거움으로 인해 하나님과 하나님의 계명에 불순종하여 행한 일도 많고 해야 할 일을 하지 못한 일도 많았습니다. 하나님의 거룩하신 이름을 망령되이 일컬었음을 고백합니다. … 안식일을 거룩하게 지키지 못했음을 고백합니다."[1]

칼빈의 예전도 "나의 도움은 천지를 지으신 여호와에게서로다"(시 121:2)라는 말씀으로 예배를 시작한 후 바로 이어서 '참회의 기도'를 한다. 츠빙글리의 예전은 설교 후에 '참회의 기도'를 한다. 아무튼 이들의 영향을 받은 개혁교회는 그 후 예배 중에 '참회의 기도'를 포함시킨 듯하다. 결국 현재 우리 예배 순서에 있는 '참회의 기도'는 종교개혁가들에 의해 강조되고 예배에서 확고하게 그 자리를 차지하게 되었다고 볼 수 있다.

한국 교회 초기 모임에는 '참회의 기도'라는 순서가 없었다. 하지만 선교사들의 신앙 배경과 이들이 주도한 모임의 목적이 전도와 회심에 있었음을 생각해 보면 명시적인 순서는 없었어도 아마도 설교 후에 회개의 시간이 있었을 것으로 짐작해 볼 수 있다.

현재는 종교개혁에 그 뿌리를 둔 교회들도 예배 순서에 '참회의 기도'를 포함한 교회가 있는가 하면, 그렇지 않은 교회도 있다.

예배 중에 '참회의 기도'를 드려야 하는가?

그렇다면 어떻게 해야 할까? 예배 중에 회개하는 기도를 해야 하는지와 관련해서 다음 3가지를 깊이 생각해 볼 필요가 있다.

죄의 심각성을 너무 가벼이 여기는 것은 아닐까?

첫째, 죄는 매우 심각한 일이다. 죄를 회개하는 일은 하나님의 거룩한 백성으로서 우리의 삶에 매우 중요하다. 그렇기에 예배 중에 있는 짧은 '참회의 기도' 시간은 적절하지 못할 수 있다.

아마도 대부분의 교회에서 '참회의 기도' 시간이 예배의 모든 순서 중에서 가장 짧을 것이다. 형식적인 통과의례처럼 느껴질 만큼 짧은 경우가 많다. 물론 긴 시간, 그리고 많은 말을 해야 충분하고도 진정한 회개가 이루어진다는 의미는 아니다. 시간의 길고 짧음, 그리고 말의 많고 적음이 회개의 진정성을 결정하지는 않음은 분명하다. 그러나 보통 잔잔한 배경음악과 함께 주어지는 15-30초가량의 시간은 회개를 시작하기에도 부족하지 않을까? 회개는 그렇게 잠깐의 시간 동안에 할 만한 일이 아니지 않을까?

어떤 사람들은 아직 무엇을 회개할지 생각하고 있을 만한 잠깐의 시간이 지나고 나면 그 뒤에 엄청난 순서가 뒤따른다. 바로 '사죄의 선언'이다. '누가 회중의 죄를 사면할 수 있는가?'의 문제는 차치하고서라도, 제대로 회개할 시간을 갖지도 못한 상태에서 바로 이어지는 '사죄의 선언'은 너무 지나친 우리만의 순서의 논리는 아닐까? 회개의 기도를 할 때 우리에게 필요한 것은 '사죄의 선언'이 아니라 우리가 죄를 자백하면 용서하시는 하나님에 대한 신뢰가 아니겠는가? 회개란 용서하시는 하나님을 신뢰할 때에만 가능한 일이니 말이다. 용서하시는 하나님의 긍휼과 사랑, 그리고 능력은 우리의 어떤 죄보다 크다. 어느 죄든지 용서받을 수 있다.

하지만 회개와 용서라는 것이 우리가 예배를 드리는 도중 그처럼 짧은 시간에 이루어지듯 그리 가벼운 일일까? 이 같은 '참회의 기도' 시간은 우리에게 회개를 단순한 의식처럼 여기도록 만들기에 충분하지 않겠는가? 그저 두 손 모으고 "저의 모든 죄를 용서해 주소서" 하면 회개가 끝나고, 그 모든 죄를 용서하는 '사죄의 선언'이 이어지는 상황이니 말이다. 세상에서 거룩한 자로서의 삶에 별 관심 없이 생활하다가 일주일에 한 번 예배당에 와서 '참회의 기도'와 '사죄의 선언'

시간을 지나고 나면 '이젠 괜찮다'는 생각을 갖게 된다면 죄의 심각성을 너무 가벼이 여기는 일이 아닐까?

이스라엘에도 이런 일은 늘 있어 왔다. 그에 대해 하나님이 예레미야를 통해서 하신 말씀을 기억해 보자.

> "너희는 이것이 여호와의 성전이라, 여호와의 성전이라, 여호와의 성전이라 하는 거짓말을 믿지 말라…보라 너희가 무익한 거짓말을 의존하는도다 너희가 도둑질하며 살인하며 간음하며 거짓 맹세하며 바알에게 분향하며 너희가 알지 못하는 다른 신들을 따르면서 내 이름으로 일컬음을 받는 이 집에 들어와서 내 앞에 서서 말하기를 우리가 구원을 얻었나이다 하느냐 이는 이 모든 가증한 일을 행하려 함이로다"(렘 7:4-10).

당시 이스라엘 백성이 하나님의 백성으로서 마땅한 삶과는 다른 모양으로 살다가 회개의 제물을 들고 성전에 왔던 것 같다. '회개의 제물을 드렸으니 이제는 죄의 문제는 다 해결되었고 괜찮다'고 생각했던 듯하다. 이런 좋은 방법이 있으니, 다시 성전을 나가서는 이전과 동일한 삶을 살다가 또다시 제물 하나 들고 오면 간단히 해결된다. 이 얼마나 간편하고 좋은가?

그러나 하나님이 그들을 모르실까? 회개는 그런 것이 아니다. 그러니 하나님이 "그런 거짓말을 믿지 말라"고 말씀하시지 않는가? 회개란 돌이키는 삶으로 나타나야 하는데, 그들은 반복해서 의식만 행하고 있었다. 그 의식이 가져다주는 거짓된 평안에 안도하면서 말이다. 우리의 예배 모임 중에 있는 '참회의 기도'가 예레미야 시절 이스라엘 백성이 가졌던 생각과 삶의 태도를 우리에게 조장하지 않을까 염려된다.

죄와 회개는 매우 심각한 일이다. 구약 시대든, 신약 시대든, 현대든 회개는 철저한 삶의 돌이킴을 말한다. 물론 '참회의 기도' 시간이 아무리 짧다 해도 진정으로 회개하는 사람도 분명 있다. 그러나 '참회의 기도'에 동참했다고 해서 회개했다고 말할 수 있는 것은 아님도 기억해야 한다.

회개가 예배의 조건인가?

둘째, 하나님을 만나는 예배에서 깨끗하지 못한 죄인 된 모습을 지닌 채 거룩하신 하나님을 만날 수는 없기에 예배 시간에 '참회의 기도'가 있어야 한다고들 말한다. "내가 거룩하니 너희도 거룩할지어다"(레 11:45)라는 말씀 한마디만 보더라도, 회개를 통한 거룩한 삶은 성도의 당연하고도 기본적인 일임을 충분히 느낄 수 있다. 하지만 오히려 그렇기에 예배의 한 요소로 자리하고 있는 '참회의 기도'가 적절하지 못할 수 있다는 점에 대해 잠시 생각해 보자.

먼저, 성경에서 예배 순서를 찾아서 적용해 보고자 하는 사람들이 종종 그 근거로 제시하는 이사야 6장을 보자.

"그때에 내가 말하되 화로다 나여 망하게 되었도다 나는 입술이 부정한 사람이요 나는 입술이 부정한 백성 중에 거주하면서 만군의 여호와이신 왕을 뵈었음이로다 하였더라 그때에 그 스랍 중의 하나가 부젓가락으로 제단에서 집은바 핀 숯을 손에 가지고 내게로 날아와서 그것을 내 입술에 대며 이르되 보라 이것이 네 입에 닿았으니 네 악이 제하여졌고 네 죄가 사하여졌느니라 하더라" (사 6:5-7).

하나님의 임재의 영광이 성전에 가득 찼을 때 이사야는 그 영광 속에서 자신이 어떤 자인지를 떠올리고는 이렇게 독백을 했다. "나는 입술이 부정한 사람이라."

지금 이사야가 회개하고 있는가? 그렇게 보기는 어렵지 않을까? 이사야는 지금 자신이 사로잡힌 영광 속에서 문득 이런 생각이 들었을 것이다. '죄인인 내가 하나님을 만나다니, 어찌 이런 일이 있을 수 있나. 나는 이제 죽었구나.' 그 고백이 터져 나온 것일 뿐이다. 이것을 우리 예배의 '참회의 기도'에 적용할 수는 없다.

뿐만 아니라 이사야 6장의 내용을 예배에 적용하려고 하기에 앞서 우리는 이 장면이 예배의 현장이 아님을 기억할 필요가 있다. 이 구절을 일반화해서 예배의 순서를 끄집어내어 적용하는 것은 인위적인 해석에 근거한, 적절하지 못한 무리한 적용이 될 뿐이다.

더구나 성경은 하나님과의 만남을 위해 회개가 필요하다고 말하지는 않는다. 성경에는 이사야 말고도 하나님을 만나거나 그 임재의 영광에 사로잡혔던 사람들이 있다. 아브라함, 야곱, 모세, 사무엘, 그리고 성전에서 섬기고 있었던 스가랴 등이 그들이다. 그러나 그들이 하나님을 만났을 때 모두 이사야처럼 반응하지는 않았다. 하나님과의 만남이 그들에게 회개를 불러일으켰던 것도 아니다. 하나님을 만나기 전에 회개가 요구되었던 것도 아니다.

사실 이사야의 경험조차도 예배할 때 회개해야 한다고 가르치지는 않는다. 하나님을 만나면서 우리의 죄인 된 모습을 깨닫고 회개에 이르게 될 수는 있다. 하지만 그 회개는 우리가 하나님을 만날 때 경험할 수 있는 것들, 즉 두려움, 기쁨, 위로, 치유, 회복, 안전감, 새로워짐 등 수많은 경험 중 하나다.

예배 순서로서 '참회의 기도'의 정당성을 주장하기 위해 다음과 같은 신약의 말씀도 자주 인용된다.

"그러므로 예물을 제단에 드리려다가 거기서 네 형제에게 원망 들을 만한 일이 있는 것이 생각나거든 예물을 제단 앞에 두고 먼저 가서 형제와 화목하고 그 후에 와서 예물을 드리라"(마 5:23-24).

이 말씀은 마치 회개가 예배의 조건이 된다고 말하는 것처럼 읽힐 수도 있다. 하지만 문맥을 살펴보면 이 말씀은 회개에 대해서 말하고 있지 않다. 사람과 사람 간에 서로 바르게 대우하며, 바른 관계를 유지하며 살라는 가르침이다. 삶과 어울리지 않는 예물 드림이 무슨 소용이 있겠냐는 말씀이다. "먼저 가서 형제와 화목하라"라는 말은 형제에게 적절하지 못하게 행한 일에 대해 하나님께 회개하라는 의미가 아니다. 잘못 행한 일이 있다면 그 일을 먼저 옳게 되돌리고 형제와의 관계를 회복하라는 뜻이다. 화목이 곧 회개를 뜻하지 않는다.

이 말씀에서 '참회의 기도'의 정당성을 끌어내는 것은 읽은 말씀의 해석이라기보다는 정해진 의도를 가지고 말씀을 읽은 것이 아닐까? 예수님의 이 말씀에서 '회개하고 예배해야 한다'는 예전의 순서를 도출할 것이 아니라, '형제자매와의 원만하고 바른 관계와 생활이 중요하다'라는 가르침을 배워야 하지 않을까?

이 말씀은 우리에게 예배 순서에 적용할 내용을 알려 주는 말씀이 아니다. 예배의 조건으로서 회개의 필요성을 말하는 것은 더더욱 아니다. 오히려 예배드림에 어울리는 삶을 살 것을 요구한다. 그런 면에서 앞에서 언급한 예레미야 7장 말씀과도 상통하는 내용이다.

'참회의 기도'가 우리에게 예배할 자격을 주는가?

셋째, '참회의 기도'를 통해서 우리가 예배할 수 있을 만큼 정결하게 되는가? 우리가 예배할 수 있는 자격은 우리로부터 나오는 것이 아니기에 예배 중 '참회의 기도'는 오히려 예배 순서로서 적합하지 못할 수 있다는 점에 대해 생각해 보자.

우리에게 하나님을 예배할 수 있는 자격이 주어진 근거는 우리의 회개가 아니라, 예수님 안에 있는 하나님의 은혜다. 우리가 하는 '참회의 기도', 즉 죄의 고백이 아니라, 그리스도가 이루신 십자가 사건이 우리를 예배자로 설 수 있게 한다. 십자가 사건은 우리가 언제든지 예배자로 설 근거로 충분하다. 물론 우리는 살면서 매일 죄를 짓는다. 그 죄는 분명 회개하고 돌이켜야 한다. 그러나 그 죄가 예배자로 설 수 있는 우리의 신분을 무너뜨릴 수는 없다.

우리가 하는 예배는 구약 시대 사람들이 죄의 문제로 인해 제물을 들고 와서 피 뿌림을 통해 죄 사함을 받았던 희생 제사와는 다르다. 더구나 그 희생 제물은 예수 그리스도의 그림자가 아니던가. 이제 예수 그리스도가 오셔서 친히 희생 제물이 되시어 희생 제사가 가리키는 일을 단번에 이루셨다. 더 이상 속죄의 제사는 필요하지 않다. 히브리서 말씀을 들어 보자.

"그러나 그리스도께서는 죄를 사하시려고, 단 한 번의 영원히 유효한 제사를 드리신 뒤에 하나님 오른쪽에 앉으셨습니다. …그는 거룩하게 되는 사람들을 단 한 번의 희생 제사로 영원히 완전하게 하셨습니다"(히 10:12, 14, 새번역 성경).

우리는 십자가 사건으로 인해 예배하는 자리에 담대히 설 수 있게 되었다. 하나님의 어린양이 제물이 되심으로 인해 우리는 이미 희생 제사를 마친 자로서 감사와 찬양의 예배를 드리고자 예배의 자리에 나온다. 히브리서는 구약의 용어를 사용해서 그것을 '찬송의 제사'(히 13:15; '찬미의 제사', 새번역 성경)라고 표현한다.

"그러니 우리는 예수로 말미암아 끊임없이 하나님께 찬미의 제사를 드립시다. 이것은 곧 그의 이름을 고백하는 입술의 열매입니다"(히 13:15, 새번역 성경).

우리의 신분은 이미 예배할 자격이 충분히 갖추어져 있다. '참회의 기도'는 우리에게 이미 주어진 예배자로서의 신분에 영향을 끼치지 않는다. '참회의 기도'가 우리의 예배를 더욱 거룩한 무엇으로 만들어 주는 것도 아니다. '참회의 기도'가 없다고 해서 예배가 무효가 된다거나 가벼워지는 일도 없다. 예배는 우리의 연약함이나 죄 됨에 집중하는 시간이 아니다. 하나님의 선하심에 몰두하는 시간이다.

'참회의 기도'는 예배의 전제 조건이 되지 않는다. 하지만 우리에게는 용서받은 죄인으로서의 겸손함과 감사하는 자세가 예배 시간 내내 있어야 한다. 스스로 의인인 척하는 경솔함이나 교만함은 예배의 현장에 머물지 못하게 해야 한다.

'참회의 기도'에 관한 의미 있는 제안

'참회의 기도'가 포함된 우리의 예배는 어쩌면 매번 희생 제사를 드렸던 중세의 미사에서 영향을 받았을 수 있다. 전적으로 타락한 인간은 죄의 회개와 용서 없이는 거룩하신 하나님의 임재 앞에 나갈 수 없음에 집중했던 칼빈이 영향을 미쳤을 수도 있다.

하지만 예배에서 우리가 마음을 쏟아야 할 일은 참회가 아니라 감사가 아닐까? 예배로 모일 때마다 '참회의 기도' 시간이 아니라, 오히려 '감사의 기도' 시간이 있어야 하지 않을까? 그 시간이 우리가 예배하는 이유에 더욱 어울리지 않을까? 그런데도 '참회의 기도'가 있는 예배는 많으나 '감사의 기도'가 있는 예배에 참석한 기억은 없다. 물론 우리의 찬송 속에서 감사의 노래를 부르겠지만 말이다.

'참회의 기도'가 하나의 정해진 순서로서 예배에 포함되는 것은 어울리지 않는 일이지만, 예배 속에 포함될 수는 있다. 예배 중 어느 시점에서든 각자가 경험한 하나님의 임재에 반응해 '참회의 기도'를 할 수 있기 때문이다.

설교 후도 적절한 위치가 될 수 있다. 들은 말씀에 비추어 자기 삶을 돌아보면 아마도 그 응답으로서 회개하고 결단하는 시간이 필요할 수도 있을 테니 말이다. 그렇게 되면 "모든 죄를 용서하소서"라는 통상적인 기도가 아니라, 특정한 말씀에 비추어서 보다 구체적으로 삶을 돌아보며 참회하는 시간을 가질 수 있을 것이다. 물론 그것도 설교의 내용에 따라 매주 필요하지는 않을 것이다.

설교의 응답으로 '참회의 기도'를 한다면, 다음과 같이 예배자들을 회개의 기도로 이끌 수 있다.

> "오늘 말씀에서 다윗은 '여호와는 나의 목자시니 내게 부족함이 없으리로다'(시 23:1)라고 고백합니다. 우리는 이 시를 참 좋아하고 입술로 그렇게 고백하기를 좋아합니다. 이 고백으로 지난 주간 우리의 삶을 돌아봅시다. 정말로 이 고백대로 살아오고 있는지 생각해 보고, 그렇지 못한 우리의 모습이 있다면 우리의 죄를 하나님께 고백합시다. 그리고 우리의 연약함을

아시는 하나님께 도움을 구하고 결단합시다. 하나님은 우리의 기도를 들으시고 용서하시며 은혜를 베푸시는 분임을 믿고 함께 기도합시다."

혹은 설교자가 설교의 내용에 맞추어 공동의 기도문을 미리 작성해 설교 후에 모두 함께 읽으며 회개하는 시간을 가질 수도 있다. 그러면 개인적인 기도를 넘어 공동체의 '참회의 기도'가 될 수 있다. 어떤 메시지를 들은 후에는 회중 모두가 공동체로서 다 함께 회개해야 할 일도 분명 있을 것이기 때문이다. 이외에도 메시지의 내용과 회중에 따라서 다양한 방법과 내용으로 '참회의 기도'를 할 수 있다.

정결한 마음으로 예배하기 원해서 '참회의 기도'가 있어야 한다면 예배 시작 전에 하거나 예배의 자리에 나오기 전 각자가 '참회의 기도' 시간을 갖고 예배당으로 출발하는 것이 옳다. 그것이 순서의 논리적 흐름으로 볼 때 더 어울리지 않을까? 물론 이 경우도 우리의 회개가 우리로 예배할 수 있는 자의 신분을 얻게 하는 것은 아니다.

보다 예배다운
예배를 꿈꾸다

**SPIRIT &
PRACTICES OF
WORSHIP**

05

찬송

Congregational Song

'찬송'과 관련된 다양한 용어

교회에서 부르는 '노래'(혹은 성도들이 부르는 노래)에는 여러 주제가 있다. 기도, 찬양, 고백, 친교, 선포, 전도, 축복, 교육, 회개, 권면, 위로, 결단 등이다. 이런 내용을 담은 시(가사)가 노래가 되면 우리는 보통 '찬송'이라고 한다.

노래와 찬송은 서로 다른 것인데도, 우리는 교회에서 부르는 노래를 모두 편하게 찬송이라고 지칭한다. 교회에서는 왠지 노래라는 말을 쓰기를 꺼려 한다. "찬송합시다" 혹은 "찬양합시다"라고는 하지만, "노래합시다"라고 하지는 않는다. 찬송이라는 말을 더 선호하는 이유는 아마도 노래는 '세상적인' 무언가와 연관성이 있는 듯 느껴져

서인지도 모른다. 노래라는 말이 세속적이지도, 영적이지도 않은 용어인데도 말이다.

그런데 이렇게 교회에서 부르는 노래(혹은 성도들이 부르는 노래)를 그냥 찬송(찬양)이라고 하면 예배 속의 찬송(찬양)에 매우 심각한 문제를 일으킨다. 찬송(찬양)과 노래는 서로 다른 개념이기 때문이다. 찬송은 내용이고, 노래는 방법이다. 찬송은 노래로도 할 수 있고, 기도로도 할 수 있고, 시 낭독으로도 할 수 있고, 그냥 말로도 할 수 있다. 찬송을 노래로 할 수 있으나, 그렇다고 노래가 다 찬송은 아니다. 예를 들어 보자.

"예수가 우리를 부르는 소리 그 음성 부드러워 / 문 앞에 나와서 사면을 보며 우리를 기다리네 / 오라 오라 방황치 말고 오라 / 죄 있는 자들아 이리로 오라 주 예수 앞에 오라"(새찬송가 528장).

이 노래는 예배를 위해 만들어진 노래가 아니다. 전도 집회에서 전도 대상자를 향해 "주께 나오라"고 초청하는 말을 노래로 한 것이다. 이 노래는 교회의 노래이지만, 예배의 노래는 아니다. 물론 찬송(찬양)도 아니다. 또 다른 예를 보자.

"너 성결키 위해 늘 기도하며 / 너 주 안에 있어 늘 성경 보고 /

온 형제들 함께 늘 사귀면서 / 일하기 전마다 너 기도하라"(새찬송
가 420장).

이 노래 역시 예배를 위해 만들어진 노래가 아니다. 서로 권면하는 말을 노래로 한 것이다. 이 노래는 성도들이 부르는 노래이지만, 예배의 노래도 아니고, 찬송도 아니다. 그런데 우리는 이런 노래를 부를 때 쉽게 "찬송합시다" 혹은 "찬양합시다"라고 한다. 예를 하나만 더 들어 보자.

"오 신실하신 주 내 아버지여 늘 함께 계시니 두렴 없네 / 그 사랑 변찮고 날 지키시며 어제나 오늘이 한결같네 / 오 신실하신 주 오 신실하신 주 날마다 자비를 베푸시며 / 일용할 모든 것 내려 주시니 오 신실하신 주 나의 구주"(새찬송가 393장).

이 노래는 예배에 어울리는 찬양의 노래다. 교회의 노래이면서 찬송이며, 예배의 노래이기도 하다.

이렇듯 교회에서 부르는 모든 노래가 다 예배에 어울리는 노래는 아니다. 예배의 노래는 교회의 노래(혹은 성도의 노래)의 부분집합이다.

'찬송가' 책(Hymnal)에 대해서도 생각해 보자. 대부분의 한국 교회가 2006년에 발간한 '새찬송가'를 사용한다. 본래 찬송가 책은 전적으

로 예배만을 위해 편찬된 노래 책이 아니다. 교회의 노래요, 성도들의 노래를 모아 놓은 책이다. 기도회, 수련회, 부흥회, 전도 집회, 교육 현장, 친교 모임, 개인 경건의 시간을 비롯한 다양한 현장에서 사용될 수 있도록 '그리스도인 삶'과 '교회생활'의 폭넓은 주제를 포함하고 있다.

찬송가 책 앞부분에 적힌 제목 분류를 살펴보면 실려 있는 노래들의 주제가 얼마나 다양한지를 쉽게 알 수 있다. 찬양의 노래를 비롯해서 그 외 매우 다양한 주제의 노래들이 실려 있다. 즉 이는 찬송가 책에는 예배 시간에 어울리지 않는 노래가 오히려 더 많다는 의미다. 때에 맞게 분별력을 가지고 노래를 선별해야 하는 이유가 여기 있다. 예배와 찬양에 대한 이해가 바르지 못하면 잘못된 선곡으로 인해 모두 뒤죽박죽되어 버릴 수 있다. 그렇게 되면 예배라는 이름으로 모였다 하더라도 예배에 적절하지 못한 노래, 우리가 좋아하는 노래만 부를 수 있다. 찬송가 책만 아니라 무슨 무슨 '찬양집'이라고 불리는 다른 노래 책을 사용하는 경우에도 마찬가지다.

찬양, 찬송, 찬송가에 대해서도 생각해 보자. '찬양'과 '찬송'은 같은 말이다. 칭송하고 높이는 일이다. 앞에서 언급한 것처럼, 이런 찬양(혹은 찬송)은 말로 할 수도 있고, 몸짓으로 표현할 수도 있고, 음악으로 할 수도 있고, 노래로도 할 수 있다. 노래로 하나님을 찬양(찬송)할 때 이 노래가 '찬송가'(讚頌歌, Hymn)다. (교회음악에서는 곡과 가사의 구조적 특성에 의해 다른 노래와 구분해서 '찬송가'라고 분류하기도 한다).

그런데 성도들이 부르는 노래를 모아 놓은 책(Hymnal)도 보통 '찬송가'라고 부른다. 바로 여기에서 혼동이 일어난다. 앞에서 살펴보았듯이 찬송가 책에는 하나님을 찬양하는 노래인 찬송가(Hymn)만 실려 있는 것이 아닌데도, 찬송가 책에 있는 모든 노래를 찬송이라고 하면서 하나님을 찬양하는 노래라고 잘못 생각할 수 있다. 실제로 예배 현장에서 그런 일은 매우 자주 일어난다. 올바른 용어의 사용이 중요한 이유다. 그런 면에서 교회가 사용하는 노래 모음집을 '찬송가'가 아니라 '성도의 노래'나 '교회의 노래' 혹은 모든 주제를 포괄할 수 있는 적절한 다른 이름으로 부르는 것이 좋겠다.

예배 중에 부르는 노래의 잘못된 선곡 사례 및 제안

예배 중에 부르는 노래는 예배에 어울리는 노래를 선곡해야 할 뿐만 아니라 예배의 흐름에 맞는 노래를 잘 분별해서 선곡해야 한다. 예를 들어 보자.

"빛의 사자들이여 어서 가서 어둠을 물리치고 / 주의 진리 모르는 백성에게 복음의 빛 비춰라…"(새찬송가 502장).

예배의 첫 노래로 이 노래를 부른다면 적절하지 못한 선곡이다. 다른 예를 보자.

"…가물어 메마른 땅에 단비를 내리시듯 / 성령의 단비를 부어 새 생명 주옵소서"(새찬송가 183장).

이 노래를 예배 중에 하나님을 찬양하는 시간에 부른다면 잘못된 선곡이다. 예를 한 가지 더 들어 보자.

"십자가 군병들아 주 위해 일어나 / 기 들고 앞서 나가 담대히 싸우라…"(새찬송가 352장).

이 노래를 헌금하는 중에 부른다면 어울리지 않는 선곡이다.
그런데 안타깝게도 이 3가지 예는 모두 실제 예배 시간에 선곡된 사례다. 예배 중에 부르는 노래는 예배의 흐름과 기능에 맞는 노래로 선곡해야 한다. 지금 이 시점에서 부르는 노래가 기도인지, 고백인지, 찬양인지, 혹은 무슨 결단인지에 따라 그 기능에 적절한 노래를 선곡해야 한다는 의미다.

　현대적인 스타일의 예배 모임에서도 마찬가지인데, 비교적 긴 시간 동안 여러 노래를 이어서 부르는 경우가 대부분이므로 노래를 배열하는 순서가 결국 예배의 흐름이 된다. 가사의 주제나 곡의 조가 일치하는 노래 혹은 애창곡 위주가 아니라, 예배의 흐름에 맞게 기능할 수 있도록 노래를 선곡하는 분별력이 필요하다.

06

기도

Prayer

SPIRIT &
PRACTICES OF
WORSHIP

**예배 중의 '기도'는
모든 성도의 진솔한 고백이어야 한다**

그리스도인들은 수시로 기도한다. 기도를 통해서 주로 하나님께 무엇을 해주시기를 구하기도 하고, 우리의 고난과 상함을 하나님께 쏟아 내기도 한다. 우리의 삶을 주관하시는 분이 하나님이시기에 그렇다. 우리는 예배의 자리에서도 기도한다. 그 기도를 통해 하나님의 성품을 묵상하고 경험한다. 기도로 하나님의 이름을 높이고, 하나님과 그분이 하신 일을 선포하기도 한다. 기도하면서 우리는 하나님께 헌신과 충성을 결단하며, 인생의 모든 순간에 하나님을 인정하는 예배자의 삶을 살기를 선언하기도 한다.

무엇을 구하는 기도회로 모인 것이 아니라, 하나님께 예배하러 모인 자리에서의 기도가 이렇게 하나님을 드러내며 그 이름을 높이는 소리로 가득함이 마땅하고 아름답지 않은가? 선하심으로 베푸시고 인도하시는 우리 하나님 되심에 응답하고자 모두 함께 모인 예배의 자리이니 말이다. 기도는 노래와는 다르지만, 하나님께 찬양의 고백을 올려 드리는 좋은 도구다.

예배 모임 중에 몇 차례의 기도가 있다. ('참회의 기도'가 있는 예배 모임의 경우를 제외하고는) 그 몇 차례의 기도는 대개 대표자 한 사람이 하고 회중은 그 기도를 들으며 동참한다. "아멘"으로 기도에 동의함으로써 자신들의 기도로 인식하지만, 예배 중의 '기도'에서 예배자들은 수동적인 자세를 취할 수밖에 없다.

물론 예배자들이 무엇을 직접 해야만 적극적으로 예배한다고 말할 수는 없다. 하지만 예배자들이 공동 기도에서 좀 더 능동적으로 자신들의 목소리를 내며 참여할 수 있는 기도 방법들을 생각해 낼 수는 있다. 그러면 듣기만 하는 기도보다는 좀 더 마음을 다해 적극적으로 기도하는 자세를 취할 수 있지 않을까?

물론 예배 중에 예배자 각자가 기도하는 시간도 있어야 하겠다. 설교 후의 기도가 그 예가 될 수 있다. 설교를 마친 후의 기도는 보통 설교자가 하는 경우가 많은데, 그렇게 되면 예배자들이 설교를 듣고 스스로 응답할 수 있는 기회를 빼앗는 셈이다. 더구나 설교자의 기도는 보통 방금 마친 설교를 다시 한 번 강조하는 내용이 되기 십상이지 않은가? 설교를 들은 예배자들의 응답은 각각 다를 텐데 말이다. 그리고 우리는 보통 축도에서도 설교를 되새기는 내용을 또 한 번 듣게 되는 경우가 허다하다. 마치 예배의 자리에 나온 목적이 그 메시지를 듣기 위한 것처럼 말이다. 설교 후의 기도는 예배자 스스로의 기도가 되도록 하는 것이 바람직하다.

예배 중에 공동체 전체를 대표해서 한 사람이 기도할 때 이 기도는 개인의 기도가 아니라 공동체의 기도다. 홀로 골방에서 하는 개인 기도와는 다르다. 그러므로 기도를 미리 준비해야 할 필요가 있다. 그 자리에서 생각나는 대로 즉흥적으로 기도할 수도 있겠지만, 공적인 공동체 전체의 기도임을 생각할 때 미리 준비한 기도문으로 기도하는 것이 적절하다.

물론 이것은 옳고 그름을 따질 수 없는 문제다. 기도는 성령의 감동을 따라 해야 하는데 미리 준비한 기도는 올바르지 못한 기도라는 주장도 있다. 하지만 성령의 감동은 즉흥적으로 기도할 때나 기도를 미리 준비해서 할 때나 동일하다는 점을 인정해야 하지 않을까? 그렇지 않다면 설교도, 찬양의 노래도 모두 즉흥적으로 해야 올바르다는 주장이 가능할 수도 있으니 말이다. 또한 즉흥적인 기도라고 해서 반드시 성령의 감동을 받아 드리는 기도라고 할 수도 없지 않은가?

기도문을 미리 준비하면 얻을 수 있는 유익이 있다. 먼저는 정제되고 절제된 언어를 사용할 수 있는 유익이다. 이는 공적인 기도에서 꼭 필요한 요소다. 또한 미리 준비된 기도문을 사용하면 즉흥적인 기도에서 나올 수 있는 말실수, 잘못된 언어 습관, 의미 없는 말의 반복, 그리고 장황하고 매끄럽지 못한 흐름 등이 미리 여과된 기도를 할 수 있다.

물론 기도에서 가장 중요한 것은 표현력과 전달력보다 하나님을 향한 우리의 진실한 고백일 것이다. 그런 까닭에 습관처럼 되어 버린 미사여구, 하나님이 아니라 성도들을 향한 훈계처럼 들리는 말, 또는 이런저런 성경 지식이나 세상의 정보를 나열하는 기도는 진실성이 결여된 공허한 독백 같아서, 듣고 있는 성도로서 내 기도로 인식하며 공감하기에는 마음이 불편하다. 하나님을 향해 올리는 나와 우리 모두의 진솔한 고백이라 하기가 어려워서다. 지극히 당연한 말이지만, 사람들의 귀에 유창하게 들리는 기도가 아니라, 하나님의 귀에 진실하게 들리는 기도여야 한다.

기도는 하나님과 교통하는 참으로 소중한 통로다. 그러므로 기도를 준비할 때도, 예배에서 그 준비된 기도문을 읽으며 기도할 때도, 그리고 누군가의 기도를 들으며 함께 기도할 때도 마음을 다해 겸손하고도 진실한 마음으로 하나님을 높이며 기도해야 하지 않을까?

보다 예배다운
예배를 꿈꾸다

SPIRIT &
PRACTICES OF
WORSHIP

헌금

Offering

'헌금' 드림의 가장 적절한 현장은 예배 모임이다

현대 교회에서 헌금은 이상하게도 언급하기조차 꺼려 하는 주제가 된 듯하다. 돈과 관련된 부정적인 면을 헌금과 연관시켜 생각하거나 헌금 사용의 출처에 대한 불투명성 혹은 그 사용에 관한 의견의 불일치로 인해 빚어진 현상이기도 하다. 헌금에 대해 가르치거나 강조하면 마치 부정적 의미로서의 '세상적인' 목회자나 교회로 인식되기 십상이다.

그래서인지는 몰라도 혹자는 헌금에 대해서 한 번도 언급하지 않았거나 가르치지 않았다는 고백을 의로운 자랑처럼 하기도 한다. 그것이 마치 올바른 목회자의 모습인 양, 혹은 돈을 사랑하지 않는 참된 목자의 모습인 양…. 돈이나 헌금에 대해 말하고 가르치는 것과 탐심은 서로 다른 영역에 속한 일일 텐데 말이다.

성경이 "돈을 사랑함이 일만 악의 뿌리가 되나니"(딤전 6:10)라고 가르치고 있으니, 오히려 재물에 대해 더 자주 말하고 가르쳐야 하지 않을까? 재물에 약한 우리가 맘몬에 사로잡히지 않고 잘 다스리며 살도록 말이다. 헌금이 단지 돈과만 관련된 것이 아니므로 헌금에 대해서도 가르쳐야 한다.

헌금, 그리고 큰 범주로서의 드림은 단지 예배 시간에만 국한되지 않지만, 여기에서는 예배 중 헌금 드림에 대해서 생각해 보겠다.

우선, 예배 중에 '헌금' 시간이 필요한지 생각해 보자. 현재 교회는 어떻게 하고 있는가? 보통 주일 (오전) 예배 중에는 '헌금' 시간이 있고, 그 외 예배 시간에는 특별한 경우가 아니면 없다. 이 단순한 현상으로만 보면, 예배에서 '헌금'은 꼭 있어야 하는 요소는 아닌 것처럼 느껴진다.

구약의 제사에서 제물을 드렸던 일을 예로 들면서, 예배할 때는 헌금을 드림이 마땅하다고 주장하기도 하지만, 그 주장으로 판단해 보면 주일 (오전) 예배를 제외한 ('헌금' 시간이 없는) 다른 예배 모임은 예배라고는 불리지만 실상은 예배로 여기지 않는다는 말이 된다. 그렇지 않다면 예배 모임과 예배가 아닌 모임을 구분 없이 무분별하게 예배라고 부르고 있는 것이든지 말이다. 구약의 제사와 오늘날의 예배는 다르다는 점을 생각해 보면, 구약의 제물 드림을 근거로 현대 예배에서 헌금의 당위성을 주장하기는 어려워 보인다.

신약성경에도 예배 중 헌금 드림의 근거로 인용되는 말씀들이 여럿 있다. 다음은 그중 하나다.

> "그러므로 내가 이 형제들로 먼저 너희에게 가서 너희가 전에 약속한 연보를 미리 준비하게 하도록 권면하는 것이 필요한 줄 생각하였노니 이렇게 준비하여야 참 연보답고 억지가 아니니라 이것이 곧 적게 심는 자는 적게 거두고 많이 심는 자는 많이 거둔다 하는 말이로다 각각 그 마음에 정한 대로 할 것이요 인색함으로나 억지로 하지 말지니 하나님은 즐겨 내는 자를 사랑하시느니라"(고후 9:5-7).

한국 교회가 과거에 '헌금'과 '연보'라는 말을 혼용했기 때문에 이 말씀에 나오는 '연보'를 예배 시간의 '헌금'으로 이해하고 적용했을 수도 있다. 하지만 이 말씀에서 '연보'는 헬라어 '코이노니아'를 번역한 단어다. 여기서 '코이노니아'는 재물이 필요한 사람들에게 재물을 '나누는' 것으로 이해하는 것이 적절하다. 바울은 예배 요소로서의 '헌금'이 아니라 구제에 대해서 말한 것이다. 새번역 성경은 이를 '선물'로 번역한다. 그러므로 결국 이 말씀도 예배 시간에 '헌금' 순서가 있어야 한다고 가르치고 있지는 않다.

하지만 우리는 이 말씀을 통해 하나님께 드림(헌금 포함)을 대하는 올바른 태도를 배울 수 있다. 인색하지 않고, 억지로 하지 않고, 즐거운 마음으로 드리는 태도다. 물론 다른 사람을 구제하는 일에 있어서도 마찬가지다. 왜냐하면 구제하는 생활은 예배자의 영성과도 관련된 일이기 때문이다. 하나님과의 관계와도 관련된 일이기 때문이다. "오직 선을 행함과 서로 나누어 주기를 잊지 말라 하나님은 이같은 제사를 기뻐하시느니라"(히 13:16)라는 말씀처럼 다른 사람과 '나누는'(코이노니아) 구제는 하나님께 드림이 된다. 그래서 구제하는 태도는 곧 하나님께 드리는 태도이기도 하다.

신약성경은 여러 곳에서 구제에 대해서 강조하고 있지만, 예배의 한 요소로서 헌금을 드려야 한다고 직접적으로 말하는 곳은 없다. 물론 그것이 예배 시간에 헌금을 드리지 말아야 한다는 뜻으로 해석될 수도 없다. 어쨌든 헌금을 포함해서 하나님께 드리는 일은 우리에게 마땅한 일이다. 구약 시대 이래로 그랬다. 단지 여기서 우리의 관심은 '헌금'을 예배 중 한 요소로 보아야 하느냐인데, 예배 시간에 반드시 필요한 순서라고 말하기는 어렵다.

그럼에도 불구하고 헌금 드림의 가장 적절한 현장은 예배 모임이다. 예배하면서 헌금을 드리는 일은 매우 의미 있는 일이다. 왜냐하면 예배는 하나님께 올리는 우리의 감사의 응답이기 때문이다.

교회 역사에서 예배와 헌금은 어떤 관계가 있었을까? 초대교회 성도들이 모여서 성찬식을 할 때 빵과 포도주를 준비한 사람이 그것들을 앞으로 가지고 나왔는데, 이때 구제 물품을 함께 가지고 왔다는 기록이 있다. 그 후로 중세 교회나 종교개혁가들의 예전에도 '헌금' 순서는 없었다. 단, 1662년 영국 성공회 예전에서는 발견된다. 물론 종교개혁기의 성도들도 예배와 별도로 구제를 위해 '선물'을 모았지만 예배 밖에서 했던 일이다. 이후 언제부터인가 예배 중에 헌금하는 순서가 생겨나서 현재에 이르고 있다. 한국 교회는 초창기부터 예배 순서에 헌금하는 시간이 있었다.

예배 중 '헌금' 드림에 담긴 의미와 제안

앞에서 언급했듯이, 예배하는 시간이 헌금 드림의 가장 적절한 때이기에 예배 중 '헌금'의 위치를 생각해 보면서 예배 행위로서의 헌금의 의미를 찾아보자.

'헌금' 시간은 보통 설교 후에 위치해 있었다. 그 이유는 하나님의 말씀을 듣고 이에 응답하는 의미였다고 설명한다. 이 설명은 설득력을 얻기가 그리 쉽지 않아 보인다. 왜냐하면 "설교의 내용에 관계없이 우리는 들은 말씀에 대한 응답을 헌금으로 표현해야 하는가?"라는 의문에 답하기 어렵기 때문이다.

설교 후의 응답은 들은 말씀에 따라 다르다. 달라야 한다. 그런데도 그 응답을 헌금으로 해야 한다는 설명은 받아들이기 어렵다. 설교 후에 '헌금' 시간을 두어야 헌금액이 많아진다고도 하는데, 혹시라도 이런 목적으로 '헌금' 순서의 위치를 정한다면 참으로 부끄러운 일이 아닐 수 없다. 예배 시간에 순서들의 위치를 정하는 것은 예배의 의미와 적절한 흐름에 의해 이루어져야 한다. 아무튼 헌금을 설교의 응답으로 보기는 어렵다.

헌금은 하나님의 공급하심과 하나님이 베푸신 은혜에 대해 물질로 감사하는 표현으로 여기는 것이 적절하다. 우리가 들고 나온 돈뿐만 아니라 모든 것의 주인이 하나님이시라는 고백으로 말이다. 헌금은 그런 의미가 있을 때 비로소 예배 요소로서 어울린다.

우리는 헌금 드림을 통해서 하나님이 모든 것의 주인이요 주권자이심을 고백한다. 헌금 드림에는 우리의 모든 인생에서 늘 하나님만을 신뢰하며 산다는 고백이 담겨 있다. 생명을 주신 그리스도의 사랑에 대한 감사의 응답으로 재물을 드리며 자기 자신도 함께 드린다는 표현이다. 입술만의 고백이 아니라 매일의 삶에서 자신을 향기로운 산 제물로 드리겠다는 결단이 들어가 있다.

"주께 감사하며 내 삶을 드립니다"라는 고백의 헌금 드림은 하나님께 반응해 예배하는 자의 응답이다. 그렇다면 헌금 드림은 단순히 돈을 내는 것에 그치지 않는다. 하나님께 반응해 우리의 삶을 드리는 예배의 클라이맥스가 될 수도 있다. 그때 우리는 가슴 깊은 곳에서 다음과 같이 노래할 수 있다.

"내게 있는 모든 것을 아낌없이 드리네 / …사랑하는 구주 앞에 모두 드리네"(새찬송가 50장).

이런 고백은 하나님을 전적으로 신뢰하는 예배자에게서 나올 수 있는 최고의 헌신의 표현이 아닐까? 그런 면에서, '헌금'은 예배에 집중하는 데 방해가 된다는 이유를 들어 포기할 수 없고, 혹 있을 수도 있는 헌금 드림을 불편해하는 사람들을 배려하는 미덕을 베푼다는 이유로도 포기할 수 없다. 다른 신학적인 이유로 예배에서 '헌금'을 배제한다면 모르겠지만 말이다. 헌금 드림은 매우 의미 있는 일이며 매우 적절한 예배 행위다.

헌금 드림을 이렇게 이해한다면, 설교 후보다는 보통 예배의 시작 부분에 있는 감사와 찬양의 시간이 가장 어울리는 위치가 되지 않을까? 그리고 물론 예배 중에 헌금을 직접 드리는 것이 헌금 드림의 의미를 가장 잘 표현할 수는 있겠으나, 예배당 입구에 헌금함을 마련한다든지 혹은 온라인으로 헌금을 하는 경우에도 예배 중 '헌금' 시간에 모두 모아서 드리는 시간을 갖는다면 예배 행위로서 드림의 의미를 상징적으로도 잘 표현할 수 있다.

물론 헌금을 하는 방식을 마련할 때는 실용성이나 편리성이 아니라 드림의 의미를 잘 나타낼 수 있는 방식을 고려해야 한다. 형식과 외형이 본질을 말하지는 않지만, 그것들이 예배자의 마음과 태도에 영향을 끼칠 수 있기 때문이다.

헌금 기도 또한 예배자의 마음과 태도에 영향을 준다. 기도는 헌금 드리는 자의 고백을 말로 표현할 뿐만 아니라 그 기도를 통해서 예배자들이 헌금 드림의 의미를 이해하게 된다. 그러므로 기도의 내용은 매우 중요하다. 헌금 기도는 무엇을 간구하는 기도와는 다르다. 헌금 기도는 감사의 응답으로 물질을 드리는 것에 입술의 고백을 더하는 것이다. 그러므로 헌금 기도는 감사의 응답에 어울리는 내용이어야 한다. 헌금이 하나님의 뜻이 이루어지는 데 잘 사용되기를 구할 수는 있으나, 헌금을 드리니 복을 내려 달라는 식의 기도는 헌금 기도로 적절하지 못하다.

복을 구하거나, 사업의 번창을 구하거나, 시험에 합격하기를 구하거나, 건강 등을 구하는 기도는 우리가 얼마든지 할 수 있는 기도다. 하지만 예배 시간에 헌금을 드리는 기도로서는 적절하지 않다. 헌금에 그런 기도가 더해진다면 헌금이 대가를 기대하고 드리는 수단이 되지 않겠는가? 이런 기도는 헌금에 대해 그릇된 가르침을 주기에 충분하다.

기독교의 헌금은 다른 종교의 헌금과는 그 성격과 목적이 다르다는 사실을 기억해야 한다. 기독교의 헌금은 무엇인가를 받기 위한 수단이 아니라, 오히려 이미 받은 것에 대한 감사의 응답이다. 다윗이 성전을 짓기 위해 백성이 가져온 것들을 모아 하나님께 예물로 바치며 드렸던 봉헌 기도는 우리가 배울 수 있는 좋은 모범이다.

"…우리 조상 이스라엘의 하나님 여호와여 주는 영원부터 영원까지 송축을 받으시옵소서 여호와여 위대하심과 권능과 영광과 승리와 위엄이 다 주께 속하였사오니 천지에 있는 것이 다 주의 것이로소이다 여호와여 주권도 주께 속하였사오니 주는 높으사 만물의 머리이심이니이다 부와 귀가 주께로 말미암고 또 주는 만물의 주재가 되사 손에 권세와 능력이 있사오니 모든 사람을 크게 하심과 강하게 하심이 주의 손에 있나이다 우리 하나님이여 이제 우리가 주께 감사하오며 주의 영화로운 이름을 찬양하나이다 나와 내 백성이 무엇이기에 이처럼 즐거운 마음으로 드릴 힘이 있었나이까 모든 것이 주께로 말미암았사오니 우리가 주의 손에서 받은 것으로 주께 드렸을 뿐이니이다 우리는 우리 조상들과 같이 주님 앞에서 이방 나그네와 거류민들이라 세상에 있는 날이 그림자 같아서 희망이 없나이다 우리 하나님 여호와여 우리가 주의 거룩한 이름을 위하여 성전을 건축하려고 미리 저축한 이 모든 물건이 다 주의 손에서 왔사오니 다 주의 것이니이다 나의 하나님이여 주께서 마음을 감찰하시고 정직을 기뻐하시는 줄을 내가 아나이다 내가 정직한 마음으로 이 모든 것을 즐거이 드렸사오며 이제 내가 또 여기 있는 주의 백성이 주께 자원하여 드리는 것을 보오니 심히 기쁘도소이다 우리 조상들 아브라함과 이삭과 이스라엘의 하나님 여호와여 주께서 이것을 주의 백성의 심중에 영원히 두어 생각하게 하시고 그 마음을 준비하여 주께로 돌아오게 하시오며 또 내 아들 솔로몬에게 정성된 마음을 주사 주의 계명과 권면과 율례를 지켜 이 모든 일을 행하게 하시고 내가 위하여 준비한 것으로 성전을 건축하게 하옵소서"(대상 29:10-19).

이렇게 기도해 보는 것은 어떨까?

"참 좋으신 하나님, 우리의 매일의 삶을 주의 신실하심으로 인도하심을 감사합니다. 하나님은 언제나 우리를 생각하시며, 주의 선하심과 자비하심으로 우리에게 공급하셨습니다. 주의 공급하심으로 우리가 살아갑니다. 우리를 무너뜨리려는 이 세상에서 주의 사랑으로 인도하시며 주의 존귀한 자녀로 살게 하심을 감사합니다. 주께서 베푸신 은혜를 기억하며 감사를 드립니다. 이 예물을 드리며 우리의 마음도 주께 드립니다. 하나님, 모든 것이 주께로부터 온 것임을 고백합니다. 이 예물이 쓰이는 어느 곳에서든지 예수 그리스도의 십자가 복음이 선포되고 하나님 나라가 확장되는 거룩한 도구로 사용되기를 원합니다. 예수님의 이름으로 기도합니다. 아멘."

헌금 기도는 보통 헌금을 드린 후에 하지만 순서가 그리 중요하지는 않다. 헌금 기도를 먼저 하고 헌금 드리는 시간을 가지면 헌금을 드리는 마음가짐에 헌금 기도가 좋은 영향을 끼칠 수도 있다. 어쨌든 '헌금'은 준비에서부터 드리는 모든 행위, 그리고 헌금 기도에 이르기까지 앞에서 언급한 헌금 드림의 고백에 어울리도록 하는 것이 중요하다.

우리가 재물을 어떻게 사용하는지, 그리고 우리의 헌금 생활이 어떤지도 돌아봐야겠다. 그래야 헌금을 드리는 우리의 고백이 진정한 고백이 되지 않겠는가?

08

성가대 찬양

Choir Anthem

SPIRIT &
PRACTICES OF
WORSHIP

즐거운 소리로, 큰 소리로,
감사로 노래하라

예배 중에 부르는 노래는 예배자 모두의 노래다. 그러므로 예배자 모두가 적극적으로 마음을 다해 노래하는 것은 예배자의 마땅한 태도다. 예배자들이 이처럼 노래하도록 돕고 이끄는 일이 성가대나 찬양팀의 주된 역할이다. 뿐만 아니라 이들의 뛰어난 음악적 달란트가 발휘되어 회중의 소리와 어우러질 때 예배 중의 노래는 더욱 풍성한 소리를 만들어 낸다.

이 아름다운 어우러짐에는 '그 누구에 의해서도 노래가 독점되지 않고 회중이 배제되지 않아야 한다'는 전제가 따른다. 왜냐하면 회중 모두가 예배하는 주체이며, 노래를 이끌고 돕는 이들 역시 예배자이며 회중의 일부이기 때문이다. 성가대나 찬양팀이 지나치게 두드러 진다거나 혹은 회중을 청중으로 바꾸어 버리는 역기능이 일어난다면 성가대와 찬양팀은 존재할 이유를 잃는다.

현대적인 스타일의 예배에서 찬양팀의 주된 역할은 회중이 적극적으로 노래하도록 이끄는 일이다. 한국 교회에서 찬양팀은 '예수전도단'과 '경배와찬양' 모임에서 비롯된 조직으로 보는 것이 가장 적절하다. 이 모임의 가장 큰 특징이자 한국 교회의 현대 예배에 끼친 공헌 중 하나가 바로 찬양팀의 역할이다. 그들은 감정을 그리 적극적으로 표현하지 못했던 한국 교회 회중 속에 내재해 있던 열정을 이끌어 내어 그야말로 온 마음을 다해 찬양의 노래를 부르도록 이끌었다. 찬송가 책의 오래된 노래들을 자신들에게는 어울리지 않는 듯 여겼던 젊은이들과 청소년들도 찬양팀과 함께하면 달랐다. 찬양팀과 회중 모두가 함께 어우러져 노래하는 아름다움을 만들어 냈다.

교회 예배에서 찬양팀이 지금도 이런 역할을 성실히 감당하고 있을까? 찬양팀이 선 곳이 스포트라이트를 받는 무대가 되고, 회중은 불 꺼진 조명 아래 있다면 찬양팀의 역할은 변질된 것이다. 스피커를 통해 들리는 찬양팀의 매우 큰 소리에 회중의 소리가 묻혀 있다면 찬양팀이 있어야 할 이유가 사라진 것이다. 회중이 알지 못하는 새 노래나 익숙하지도 않고 부르기도 어려운 노래를 자주 선곡함으로 회중의 대부분은 청중처럼 되고 예배 현장은 마치 콘서트장처럼 되었다면 찬양팀은 역기능을 하고 있는 것이다.

　예배자들로 하여금 노래하게 해야 한다. 온 마음을 다해 찬양의 노래를 부르며 하나님을 예배하기 위해 모인 것이기 때문이다.

　전통적인 예배에서 성가대의 주된 역할도 회중이 적극적으로 노래하도록 이끄는 일이다. 한국 교회 예배에서 성가대가 이 역할을 하고 있을까? 혹 성가대가 그들이 존재하는 주된 목적이 '성가대 찬양'을 부르거나 '기도송', '축도송' 등을 부르는 것이라고 인식하고 있다면, 곧 성가대는 꼭 있어야 하는 존재가 아님을 말하는 셈이다. 왜냐하면 '성가대 찬양', '기도송', '축도송' 등은 예배에 꼭 있어야 하는 요소는 아니기 때문이다.

　성가대의 존재 이유는 찬양팀의 존재 이유와 같다. 회중이 노래하도록 돕고 이끄는 일이다. 그 일이 주된 역할이 아니라면 성가대는 꼭 있어야 하는 조직이 아니다. 그런데 아쉽게도 한국 교회에서 이 역할을 하는 성가대는 거의 없다.

　'기도송'과 '축도송'은 회중이 기도에 이미 "아멘"으로 화답한 말이나 축복의 내용을 중복한다. 예배에 꼭 필요한 요소는 아니라는 의미다. 오히려 예배의 원활한 흐름에 방해가 될 수도 있다.

　성가대는 교회 역사에서 주후 3-4세기경에 등장했다. 회중의 노래를 이끄는 역할을 했고, 성경 봉독들 중간중간에 시편송을 불렀다. 그러나 차츰 음악이 발전하면서 아이러니하게도 성가대의 노래가 회중의 노래를 대체하기 시작했다. 주후 9세기 이후로 예배의 노래는 회중이 배제된 성가대의 전유물이 되었다.

루터의 종교개혁에 1세기나 앞선 개혁가들이 회중의 노래를 회복하려 노력했다. 그러나 중세 교회는 설교하거나 성경을 해석하는 일이 평신도들에게 금지되어 있는데 하물며 교회에서 노래하는 것은 더더욱 그렇다고 경고했다. 예배에서 노래를 부를 수 없는 회중은 라틴어로 부르는 성가대의 노래도 알아들을 수 없었다.

종교개혁 이후 본래의 역할을 잃어버렸던 중세 교회의 성가대는 없어지고(루터는 계속 유지했지만), 성가대에 빼앗겼던 노래가 회중에게 돌아왔다(츠빙글리는 예배에서 음악을 배제시켰지만). 하지만 오래 지나지 않아 중세 교회 예배로 돌아가기를 꿈꾸는 19세기 옥스포드 운동(Oxford Movement) 이후 성공회 교회를 중심으로 성가대가 다시 등장하기 시작했다. 성가대 복장, 그리고 구별된 좌석을 통해 중세 교회를 본받아 회중과 분리된 특별한 조직이 되었다.

한편에서는 '성가대 찬양'은 회중을 대신(혹은 대표)해서 음악적으로 보다 뛰어난 곡을 보다 아름다운 목소리로 하나님께 찬양을 올리는 것이라고도 말한다. 이 또한 우리가 다시 생각해 봐야 한다.

첫째, '성가대 찬양' 시간에 부른 노래를 살펴보면 하나님을 향한 찬양의 노래가 아니라 성도들을 향한 노래인 경우가 매우 많다. 예배의 찬양으로는 적절하지 못한 경우가 많다는 의미다. 둘째, 음악적인 면에서 일반 회중보다 좀 더 나은 소리로 부르는 노래가 하나님께도 과연 특별한 노래가 될까? 하나님은 회중 모두가 온 마음을 다해 노래한 것에 더해 음악적으로 좀 더 나은 노래를 원하시는가? 그리고 음악에 대한 우리의 기준이 하나님의 기준도 될까? 혹시 우리의 음악 이론과 철학에 기초한 우리만의 엘리트주의에 젖은 기준은 아닐까? 성경은 오히려 즐거운 소리로, 또는 큰 소리로, 그리고 감사로 노래하라고 명하고 있음을 기억할 필요가 있다.

이런 이유들을 생각해 볼 때 '성가대 찬양'은 예배에 어울리지 않는 경우가 매우 많다. 하지만 우리에게는 이미 너무 익숙해 있다. 꼭 있어야 하는 요소처럼 인식되었다.

'성가대 찬양'이 예배에 어울리는 역할을 하며 유지되기 위해서는 내용을 철저히 하나님을 향한 찬양으로 바꾸어야 한다. 또한 성가대의 노래에 회중 모두가 어떤 방식으로든 동참해 하나님께 찬양을 드리는 기회가 되도록 하는 것이 바람직하다. 그리고 예배 순서에서의 위치도 '성경 봉독'과 '설교' 사이가 아니라 찬양의 노래나 고백을 하는 어디쯤엔가 두어야 한다. 왜냐하면 '성경 봉독'과 '설교'는 서로 연결된 요소이기 때문이다. 이 둘과 전혀 어울리지 않는 '성가대 찬양'으로 인해 분리되지 않도록 해야 한다.

09

설교

Sermon

SPIRIT &
PRACTICES OF
WORSHIP

예배에서 '설교'는
하나님 중심이어야 한다

    예배 모임에 설교가 꼭 있어야 할까? 설교를 예배의 핵심이요 절정으로 여기는 사람들에게는 매우 도전적인 질문이 아닐 수 없다. 예배에 참석하는 주된 목적이 설교를 듣기 위함이고, 그래서 설교로 예배를 판단하기까지 하는 사람들에게는 매우 어리석은 질문으로 들릴 것이다. 하지만 생각해 보자. 설교는 예배에 없어서는 안 되는 중요한 요소인가?

    설교는 예배에 중요한 요소가 될 수도 있고, 적절하지 못한 요소가 될 수도 있다. 그것은 설교에서 무엇을 말하느냐에 달려 있다. 설교는 예배뿐만 아니라 다른 모임에도 있다. 기도회, 부흥회, 수련회,

전도 집회를 비롯해서 크고 작은 여러 모임에 설교가 있다. 이런 여러 모임에는 설교뿐만 아니라 기도, 노래, 성경 봉독, 성가대 찬양, 헌금, 축도 등 예배 모임에 있는 다른 순서들도 있는 경우가 많다. 이런 모임들은 형식으로만 본다면 모두 예배 모임과 다를 바 없으나 예배 모임이 아니라 각각 다른 이름으로 불린다. 그 모임의 목적과 내용이 예배 모임과 다르기 때문이다.

이것은 '설교'라는 동일한 용어로 불린다 해도 예배 모임에서의 설교가 다른 모임에서의 설교와 달라야 하는 이유다. 예배 모임에서 설교의 내용이 예배의 목적에 어울리지 않는다면 형식은 예배라는 이름으로 모였으나 실제 내용에 있어서는 마치 기도회, 부흥회, 수련회, 전도 집회, 성경 공부 모임 등과 비슷한 집회처럼 될 수도 있다. 예배한다고 모였으나 우리를 위한 종교 행사를 하고 있을 뿐이라는 말도 된다.

혹 설교가 예배의 중심이며, 기도나 노래 등 다른 요소들은 설교를 보조하는 주변 요소쯤으로 여긴다면 이는 그릇된 생각이다. 설교를 포함한 모든 순서는 하나님을 찬양하고 감사드리는 예배의 요소들이다. 그러므로 그 내용이 예배에 어울리지 않으면 설교뿐만 아니라 기도든, 노래든, 그 어느 것이든 예배에서 있을 자리는 없다.

우리가 모인 예배의 현장은 어떤 곳인가? 앞서 '예배로의 부름'에서 그려 본 천상의 예배와 어우러진 현장이고 하나님의 임재가 있는 곳이다. 하나님의 하나님 되심과 그분이 하신 일에 감사와 찬양의 응답을 하는 자리가 예배 현장이다. 그 예배의 자리에서 설교자는 무슨 말을 해야 할까?

예배 중 '설교'는 성부, 성자, 성령 하나님을 드러내는 일을 한다. 하나님의 성품과 하나님의 일하심을 드러내며 선포하는 거룩한 방편이다. 설교는 하나님이 어떤 분이시고, 하나님이 어떻게 하셨고, 지금 그리고 앞으로도 하나님의 선하신 뜻에 따라 어떻게 하실지를 드러내 보이며 하나님을 높이고 찬양하는 수단이다. 설교는 예배 중에 임재하신 하나님을 말씀으로 드러내며 그 하나님을 높이는 예배의 도구이기도 하다. 그러므로 기록된 말씀의 해석을 통해서 깨닫고 찾아낸 하나님을 선포하는 것이 예배 중 '설교'의 역할이다. 이것이 다른 모임들과는 다른 예배 중 '설교'의 내용이어야 한다. 예배에서의 '설교'는 하나님 중심이어야 한다는 의미다.

성경 속에 흐르는 역사와 등장하는 인물들의 이야기 속에서 그 역사와 인물의 인생을 이끌어 오신 하나님의 깊고도 높은 뜻을 발견해 선포하는 일이 설교자의 거룩한 임무다. 하나님 아버지, 예수 그리스도, 성령 하나님을 발견해 선포함으로써 모든 예배자와 함께 그 하나님을 예배하는 것이 설교자의 일이다.

우리는 성경 속에 등장하는 믿음의 거인들이 살아온 이야기를 들으며 그들의 의로움, 지도력, 인내력, 용맹, 열정, 지혜로움 등을 들고 본받고자 예배의 자리에 모인 것이 아니다. 그들이 어떻게 해서 복 받는 삶 혹은 성공적인 삶을 살았는지에 대해 듣고 우리도 그들처럼 살기를 결단하고자 예배의 자리에 온 것이 아니다. 그들의 뛰어나고 멋짐이 아니라, 그들의 인생과 세계의 역사 속에 함께하신 하나님을 높이고 찬양하기 위해 모인 것이다.

그리스도인의 올바른 영적 생활, 제자도, 교회의 사명, 성경적 인생관, 성경적 경제관 등에 관한 지식을 얻고자 예배의 자리에 모인 것이 아니다. 우리가 사는 세상의 문화와 정세 등에 관한 평론이나 견해라든지, 또는 그리스도인으로서 이 세상에 대해 어떤 시각을 갖고 어떻게 대처하며 살아야 하는가에 대한 성경의 답을 얻기 위해 예배의 자리에 모인 것도 아니다.

물론 이런 내용들은 모두 그리스도인의 삶에 유익하고 필요하다. 하지만 이런 내용들이 우리가 예배하는 목적은 아니고, 주제도 아니다. 하나님의 임재 안에서 오직 하나님을 향해 온 마음을 다해 경배의 소리를 쏟아 내고 올려 드리는 예배의 자리에서 터져 나올 내용은 아니라는 뜻이다. 이런 내용들은 예배가 아닌 다른 모임에서 설교나 강의나 토론이나 혹은 성경 공부 등을 통해 얼마든지 다루고 배울 수 있다.

예배하는 자리에서 터져 나오는 말씀은 우리가 모여서 예배하는 이유이고 대상이 되시는 하나님을 드러내는 설교여야 한다. 그것이

'설교'가 예배 모임에 있을 수 있는 이유다. 그렇지 않다면 아무리 감동을 주는 설교라도 예배의 자리에서는 있을 자리가 없다.

하지만 우리의 현실은 어떤가? 예배 속 '설교'가 기독교의 전반적인 주제를 다루는 강의나 성경 공부처럼 되어 버린 현실이 안타깝다.

예배 속 '설교'는 하나님을 드러내며 선포하는 시간이다. 예배자는 그 말씀의 선포를 통해 하나님에 대해 듣고, 느끼고, 깨닫고, 경험하면서 "아멘"으로 화답함으로 동참한다. 그 시간에 예배자의 마음은 하나님에 대한 지식과 하나님의 마음으로 채워진다. 하나님에 대한 신뢰와 소망이 더욱 견고해질 뿐만 아니라 삶의 변화로도 이어질 것이다.

설교를 통해 하나님이 하신 일이 드러나면 그 말씀은 예배의 자리에 참석한 누군가에게는 구원의 은총이 흐르는 방편이 된다. 설교에서 하나님이 어떤 분이신지가 선포되면 설교자가 일부러 위로의 말을 하지 않아도 누군가에게는 위로의 메시지가 된다. 무엇을 하라, 또는 어떻게 살라는 설교를 하지 않아도, 말씀을 통해 하나님을 드러내면 예배자들 속에는 거룩한 열정이 일어난다.

예배자들은 하나님을 예배하기 위해 모인 하나님의 백성이다. 예배는 하나님의 백성이 하나님을 찬양하며 감사로 응답하는 시간이다. 설교는 기도나 노래와 마찬가지로 바로 그런 예배의 도구가 된다. 설교가 하나님의 성품, 즉 하나님의 거룩하심, 신실하심 등을 선포할 때 그렇다. 설교가 하나님의 일하심, 즉 하나님의 구원하심, 인도하심 등을 선포할 때 그렇다. 결국 설교는 하나님을 선포하는 도구이며, 그러므로 하나님을 향한 찬양의 도구다.

뿐만 아니라 설교는 하나님을 찬양하도록 회중을 깨우치고 이끄는 도구도 된다. 설교를 통해 찬양의 이유가 선포되기 때문이다. 거룩하신 하나님, 선하신 하나님, 전능하신 하나님, 통치하시는 하나님, 용서하시는 하나님, 불쌍히 여기시는 하나님, 은혜를 베푸시는 하나님 등을 예배자들 가운데 드러내어 선포하기에 그렇다. 그러므로 설교는 그 자체가 하나님을 높이는 찬양이 되며 듣는 회중을 찬양하도록 이끄는 예배의 도구이기도 하다.

설교는 예배에서 이처럼 소중한 역할을 하는 도구이기에 설교 준비와 전달, 그리고 설교를 듣는 자들의 자세 또한 그에 어울려야 한다. 설교자는 성령의 감동으로 말씀을 깊이 연구해 기록된 말씀 속에서 하나님의 성품과 일하심을 깨달아서 드러낼 수 있도록 성실히, 그리고 끊임없이 노력해야 함이 마땅하다. 그렇게 잘 준비된 설교는 장황하지 않으면서 깊이가 있다. 가벼운 언어의 유희가 아니라 정제되고 절제된 언어로 표현된다. 많은 예화로 설명에 설명을 덧붙이지 않는다. 그리고 겸손히 전달되나 권위가 있다.

예배 중에 '설교' 시간은 회중이 이미 준비된 마음으로 귀를 기울이는 때다. 그러므로 설교 전달에 있어 일반 커뮤니케이션 이론을 적용해서 회중의 주의를 집중시키거나 긴장을 풀기 위한 시도는 바람직하지 못하다. 그런 시도는 오히려 이미 집중하고 있는 예배자의 마음을 흩트리는 역효과를 불러오기 쉽기 때문이다. '설교' 시간은 설교자와 회중 모두 설교라는 방편을 통해 하나님을 드러내어 높이며 예배하는 시간임을 기억해야 한다.

성경 봉독은
성경이 살아 있는 말씀이 되게 한다

설교에 앞서 성경 말씀을 읽는다. 이것을 설교의 부수적인 일쯤으로 여기는 경향이 있는데, 사실 예배의 역사에서 성경 봉독은 설교보다 더 중요하게 여겨졌다. 성령의 감동을 받아 기록된 하나님의 말씀이기 때문이다. 설교학 교수인 제프리 아서(Jeffrey Arthurs)는 "성경 말씀을 잘 낭독하면 설교는 더 짧아도 된다"며 성경 봉독의 중요성을 강조한다.

사실 정성껏 준비해서 읽은 성경 말씀은 설교보다도 더 큰 울림이 있는 감동을 주기도 한다. 성경 낭독은 글을 읽을 줄 아는 것으로 준비가 다 된 것이 아니다. 듣는 사람을 불안하게 하는 낭독도 있고, 살아 있는 말씀으로 들리게 하는 낭독도 있다. 어떻게 준비해서 읽느냐에 따라 다르다.

오래전 한 교회에서 사역할 때 집사님 한 분은 자신이 성경 봉독을 하는 순서가 되면 성경 본문을 받은 날부터 그 말씀을 백 번 이상 읽으면서 묵상한다고 하셨다. 그러다 보면 저절로 외워진다고 하셨다.

물론 성경 봉독 시간에 성경을 암송하지는 않지만, 그렇게 준비하고 하는 낭독은 분명 다르다. 그렇게 준비하면 우리에게는 생소한 지명이나 인명도 막힘없이 잘 읽을 수 있다. 글자에는 없으나 본문 속에 스며 있는 감정도 느껴지도록 읽게 된다.

마치 음악을 연주하듯 어느 부분에서 강하게 또 어느 부분에서 약하게 읽을지, 어디에서 긴장감 있게 급히 읽고 또 어디에서 천천히 읽을지, 그리고 어디에서 잠시 멈춰야 하는지를 알게 된다. 말씀의 한 자, 한 자를 매우 소중하게 여기며 읽는다는 말이다. 그러면 말씀을 소중히 여기는 마음이 생기는 것과 동시에 하나님의 말씀이 회중에게 분명하게 들릴 것이다.

성경 봉독을 마치면서, 예전적인 교회에서는 보통 낭독자와 회중이 이런 말을 주고받는다. 낭독자가 "이것은 하나님의 말씀입니다"라고 하면, 회중은 "하나님께 감사드립니다"라고 한다. 하나님의 말씀임을 인정하는 말이다.

이런 전통적인 말 외에 성경 말씀으로도 서로 주고받을 수 있다. 예를 들어, 낭독자가 "풀은 마르고 꽃은 시드나"라고 말하면, 회중이 "우리 하나님의 말씀은 영원히 서리라"라고 화답할 수도 있다(사 40:8). 물론 노래로 할 수도 있다.

그리고 우리는 하나님을 경외함으로 그 말씀을 마음에 담고 설교자의 선포에 귀를 기울인다. 이것이 말씀을 대하는 우리의 바른 태도다.

10

축도

Benediction

SPIRIT &
PRACTICES OF
WORSHIP

'축도'는 확신과 결단을 담은
복의 선언이다

누구나 복 받기를 바란다. 그래서인지 복과 관련되어 있는 '축도'는 예배를 마치는 매우 중요한 순서로 인식되어 있다. 축도는 무엇인가? 기도인가? 간절한 바람인가? 축도자의 강복(降福)인가? 아니면 복의 선언인가? 하나씩 차례로 살펴보자.

가장 먼저, 축도는 기도인가? '축도'는 아마도 '축복기도'의 약자일 것이다. 복을 비는 기도라는 의미가 된다. 영어로는 'Benediction'이다. 이 말은 '베네디코'(*benedico*)라는 라틴어에서 왔는데, '베네'(*bene*)는 '좋은'(good, well)이라는 뜻이고, '디코'(*dico*)는 '말하다'(say, speak)라는 뜻이다. 그래서 '베네디코'는 '좋은 말을 하다'라는 의미다. 그렇다면

'Benediction'(축도)은 좋은 말을 하는 것인데, 누구에게 좋은 말을 하는 것일까? 예배 때 축도로 가장 많이 사용되는 두 말씀을 살펴보면 알 수 있다.

"여호와께서 모세에게 말씀하여 이르시되 아론과 그의 아들들에게 말하여 이르기를 너희는 이스라엘 자손을 위하여 이렇게 축복하여 이르되 여호와는 네게 복을 주시고 너를 지키시기를 원하며 여호와는 그의 얼굴을 네게 비추사 은혜 베푸시기를 원하며 여호와는 그 얼굴을 네게로 향하여 드사 평강 주시기를 원하노라 할지니라 하라"(민 6:22-26).

"주 예수 그리스도의 은혜와 하나님의 사랑과 성령의 교통하심이 너희 무리와 함께 있을지어다"(고후 13:13).

한국 교회는 거의 모든 교회가 고린도후서 13장 13절로 축도를 하지만 다른 나라에서는 민수기 6장 24-26절 말씀도 많이 사용한다. 두 말씀을 잘 읽어 보면 하나님이 아니라 사람들에게 하는 말임을 알 수 있다. 즉 눈을 감고 하나님께 드리는 기도가 아니라, 눈을 뜨고 사람들을 향하여 하는 말이다.

교회에서 축도하는 모습을 보면 축도자도, 회중도 모두 눈을 감고 하나님께 드리는 기도의 모습을 하고 있지만, 민수기 6장과 고린도후서 13장의 내용은 눈을 감고 하는 기도가 아니다. 그래서 "예수님의 이름으로 기도합니다"라는 말을 하지 않는지도 모르겠다. 물론 (축복)기도이므로 "예수님의 이름으로 기도합니다"라는 말로 마쳐야 한다고 주장하는 사람들도 있다. 하지만 지금처럼 두 말씀 중 하나를 사용해서 축도한다면 명칭은 '축도'라고 불릴지언정 하나님께 드리는 기도는 아니다. 축도는 축도자가 예배자들을 향해 하는 말이다.

다음으로, 축도는 우리의 바람일까? 누구나 축도의 내용이 이루어지기를 바라지만, 그렇다고 축도가 바람은 아니다. 민수기 6장의 경우, "아론과 그 아들들이 내 이름으로 이렇게 말하면 내가 그 말대로 복을 주겠다"고 하나님이 하신 말씀이니, 그런 의미에서 민수기 6장의 축도는 선포다. 그렇게 되기를 바라는 바람이 아니라 선언이다. 하나님이 하신 말씀이니 그대로 되리라는 믿음으로 하는 선언이다. 복을 내리시는 분은 하나님이시고, 축도자는 선언하는 자에 불과하다. 그러므로 축도는 축도자가 복을 내리는 강복도 아니다.

축도는 축도자의 권위가 아니라 말씀에 근거해서 선포된다. 고린도후서 13장의 경우도 마찬가지다. 영어 성경은 보통 "(May)…be with you all"이라고 번역하고, 한글 성경은 "…너희 무리와 함께 있을지어다"(개역개정) 혹은 "…여러분 모두와 함께하기를 빕니다"(새번역성경)라고 번역한다. 하지만 헬라어 원문에는 동사가 없이 "너희 모두와 함께"(…with you all)라는 말로 마친다.

　이와 유사한 표현을 보면 이 말씀의 뉘앙스를 느낄 수 있다. 우리가 잘 아는 말인 '임마누엘'을 보자. '하나님이 우리와 함께하신다'는 뜻인 '임마누엘'의 히브리 원어를 글자 순서 그대로 풀어서 번역하면, '함께, 우리와, 하나님'이다. 여기에도 동사가 없다. 동사가 생략된 강하고 간결한 표현이다. '임마누엘' 역시 바람이 아니라 "하나님이 우리와 함께하신다"라는 선언이며, 또한 그 선언은 실제다. 그러므로 고린도후서 13장 13절은 바람이나 기도라기보다는 선언(선포)으로 이해하는 것이 적절하다.

　지금처럼 민수기나 고린도후서의 말씀을 인용해서 하는 축도는 하나님이 그렇게 하신다는 확신을 갖고 그 말씀에 의지해서 사람들을 향해 주의 이름으로 선언하는 말이다. 이런저런 복을 달라고 구하는 것이 아니라, 하나님이 우리 삶의 모든 영역에 함께하시며 복을 주심을 다시 한 번 기억함에서 오는 선언이다. 그 하나님이 우리 하나님 되심에 의지한 선포다. 그 선언을 통해 우리는 하나님에 대한 더 강한 신뢰로 살아가겠다는 결단을 한다. 그런 면에서 축도는 확신과 결단을 담은 복의 선언이다. 이런 선언에 대해 하나님은 다음 말씀을 이루실 것이다.

　"그들은 이같이 내 이름으로 이스라엘 자손에게 축복할지니 내가 그들에게 복을 주리라"(민 6:27).

축도는 눈을 감고 하는 축복기도가 아니라, 모두를 바라보면서 하는 복의 선언이다. 민수기 6장이나 고린도후서 13장 말씀으로만 제한하지 않고 성경의 다른 말씀으로 할 수도 있고, 스스로 만들어서 할 수도 있다. 물론 축복하는 기도로 생각하고 기도로 할 수도 있다. 주일 예배를 제외한 거의 모든 예배 모임이 보통 그러하듯 '축도' 없이 예배를 마칠 수도 있다. '축도'를 하는 경우, 복의 선언이라면 그에 어울리게, 그리고 축복하는 기도라면 그에 적절하게 방법과 내용이 구성되어야 한다.

아무튼 축도에 대해 우리가 늘 익숙해 있는 것으로부터 우리의 생각이 자유로울 수 있다면 축도는 다양한 방법이나 내용으로 표현될 수 있다.

11

광고

Announcements

SPIRIT &
PRACTICES OF
WORSHIP

'광고'는 예배와 어떤 관련이 있을까?

'광고'는 '교회 소식', '성도의 교제' 등으로도 불리는 순서다. 예배 중 이 순서의 위치는 교회마다 제각각이다. 목회자의 생각에 따라 예배 시작 전부터 예배 후에 이르기까지 거의 어느 곳에든 있을 수 있다. 여러 교회의 예배 순서를 관찰해 보면 실제로 그렇다. 그 위치가 예배에 대한 이해나 흐름과 상관없이 결정되는 듯하다.

이러한 '광고' 시간이 예배와 어떤 관련이 있을까? 광고가 예배에서 어떤 역할을 하기에 예배에 포함되어 있을까? 과연 광고가 예배 중에 포함될 수 있는 예배의 요소이기는 할까?

우선, 광고에서 전달되는 내용을 보고 판단할 수 있다. 지난 주일 예배 모임에도 대부분의 교회에서는 아마도 어김없이 '광고' 시간이 있었을 것이다. 그 내용이 예배의 의미나 목적과 과연 어떤 관계가 있었는가?

광고를 통해 전달되는 내용은 보통 지난주에 있었던 일, 앞으로 있을 교회 행사 일정, 각종 회의 시간 안내, 성도들의 이런저런 소식, 처음 온 사람들 소개, 여러 공지 사항들, 또는 어떤 행사에 대한 시상식에 이르기까지 거의 모든 것을 망라한다. 모두 예배와는 관련이 없는 내용이다. 하나님의 성품과 하나님이 하신 일에 대한 우리의 응답과는 거리가 있는 내용이다.

예배가 하나님과 우리의 대화라고 주장하는 학자들에 의하면 예배에는 우리의 응답이 있고 하나님의 응답이 있어야 한다는데, 그 주장을 따라서 본다 하더라도 광고는 하나님 편에서의 응답이라고 할 수도 없다. 하나님을 향한 우리의 응답도 아니고, 우리를 향한 하나님의 응답이나 계시도 아니다. 내용에 있어서 예배의 요소로 적절하지 못하다.

물론 경우에 따라 예배에 적절한 내용이 있을 수도 있다. 교회 공동체가 함께 감사드릴 수 있는 내용이 있다면 그렇다. 예를 들어, 투병 중에 있던 한 성도를 위해 온 교회가 함께 오랫동안 기도해 왔는데 드디어 완쾌되어서 교회에 나왔다든지, 혹은 그 성도가 아직 투병 중에 있으나 고난 중에도 하나님에 대한 신뢰와 감사를 표현했다는 내용이라면 그럴 수 있다.

그런 경우는 '광고'라는 순서를 통한 단순한 소식 알림보다는 그 일로 인해 예배자 모두가 함께 하나님께 감사드릴 수 있게 한다면 예배에 매우 적절하고도 잘 어울리는 감사의 응답 시간이 될 수 있다. 삶의 구체적인 경험으로부터 나오는 소중한 응답이 될 테니 말이다. 내용으로만 볼 때는 광고와 같다고 할 수 있을지 모르나 그 목적과 의의에 있어서는 광고와는 전혀 다르다.

이와 같은 예를 제외하고는 '광고'에 등장하는 내용은 한창 진행되는 예배의 흐름을 끊고 예배자의 관심을 돌연 예배 밖으로 흘러 버리게 만드는 예배의 방해 요소가 될 뿐이다. 어떤 이는 '광고'는 예배에 집중하던 성도들의 긴장을 풀어 주는 분위기 전환 시간이라고도 한다. 그런 발상이 우습기도 하거니와 하나님의 임재 안에 있는 예배의 현장에서 그런 분위기 전환 시간이 필요할까?

광고를 하는 방법으로도 판단해 볼 수 있다. 보통은 주보에 있는 내용을 그대로 읽거나 조금 설명을 덧붙인다. 예배의 '진지함'에서 잠시나마 벗어나려는 듯 재치 있는 입담도 용인되는 시간처럼 느껴진다. 그래서인지 '광고' 시간이 예배 시간의 백미라고 생각하는 목회자도 있다.

이제는 영상을 이용해서 광고를 전달하는 경우가 많아졌다. 광고 영상을 제작하는 사람들은 보는 사람들의 관심을 끌고 기억에 남게 하려고 노력한다. 대중매체의 광고처럼 만들어 보려고 인력, 비용, 그리고 시간을 많이 들이지만 그 질과 수준은 교회의 재원에 따라서 차이가 크다.

영상 광고가 광고 전달에 있어서 구두 전달보다 얼마나 효과가 있는지는 알 수 없으나, 예배를 방해하는 면에 있어서는 압도적으로 뛰어나다고 볼 수 있다. 이것이 예배를 돕는 용도로 스크린을 사용할 때 주의를 기울여야 하는 이유이기도 하다.

대부분의 교회에서는 예배 시간에 스크린을 사용한다. 찬송가의 가사나 성경 말씀을 비추는 일뿐만 아니라 사실상 스크린이 예배를 인도하는 역할을 한다고 볼 수 있다. 모두 스크린에 나오는 대로 따라가야 하니 말이다.

그 결과 예배자들을 돕는 역할만 아니라 방해하는 역기능을 하기도 한다. 스크린에 보이는 내용이 틀리면 갸우뚱하면서도 틀린 대로 읽거나 노래해야 한다. 맞춤법이 틀린 글은 어떤 사람들에게는 매우 거슬린다. 스크린에 글자가 늦게 나타나면 어쩔 수 없이 노래를 부르는 것도 한 박자 늦어진다. 다음 화면으로 넘어가지 않고 한참을 멈추어 있는 경우도 있다.

글자와 함께 사진, 그래픽, 영상 등이 배경으로 나오도록 시간을 많이 들여서 준비하는 경우도 많은데, 그 노력으로 멋진 화면을 준비할수록 아이러니하게도 오히려 예배를 방해하는 역효과를 낸다.

예배에 사용되는 화면은 글자를 읽는 것 외에 다른 관심을 끌지 않도록 지나칠 만큼 단순한 것이 좋다. 스크린에 표현하고 싶은 이미지는 예배자 각자가 스스로의 마음속에 있는 이미지로 그리도록 하는 것이 가장 좋다. 마음속에 있는 이미지가 최고의 이미지다. 스크린의 사용도 최소한으로 하는 것이 좋다. 그래야 스크린이 예배를 압도하지 않고 예배 도우미의 역할을 가장 충실하게 할 수 있다.

아무튼 '광고'는 예배의 흐름을 끊을 뿐만 아니라 예배자들의 관심을 예배 밖으로 돌리는 역할을 한다. 그런데 예배의 요소로 적절하지 못한 '광고'를 왜 굳이 예배 중에 하려고 할까? 아마도 실용 혹은 편의를 고려해서가 아닐까? 많은 사람이 모인 시간에 가장 효과적으로 무언가를 하거나 전달할 수 있다는 실용성과 편의성 말이다.

광고 효과를 따진다면 가장 좋은 때는 예배 시간일 수도 있다. 하지만 어떤 요소를 예배에 포함시키는 문제는 실용성이나 편의성 혹은 효율성이 아니라, 예배의 이해와 목적에 의해 결정되어야 한다.

예배 중에 하는 '광고'는 광고의 목적을 매우 성공적으로 달성할 수 있을지는 몰라도 그 대가로 예배는 예배 됨을 잃는다. 예배를 단지 어떤 모임이나 행사로 전락시키는 데 유용하게 사용되는 도구 같기도 하다.

'광고' 시간에 관한 다양한 주장과 제안

예배 중 '광고' 시간에 대해 신학적으로 이렇게 설명하기도 한다. 즉 예배에는 수직적인 면과 수평적인 면이 있다는 주장인데, 수직적인 면이란 예배자와 하나님의 교통이고 수평적인 면은 예배자들 간의 교통이라고 한다. 그러면서 '광고'는 수평적인 면을 매우 잘 표현한다고 주장한다. 그래서 예배에 '광고'가 필요하다는 주장이다. 그런 주장에 어울리도록 '광고'라는 말보다는 '성도의 교제'라는 말을 더 선호한다.

하지만 이 주장 또한 받아들이기 어렵다. 예배는 예배자와 하나님의 수직적인 교통의 시간이다. 예배자들 간의 수평적인 무엇이 필요한 시간이 아니다. 예배에 예배자들 간의 수평적인 면이 있다면 그것은 모두가 함께 모였다는 것 자체로 이미 충분히 표현된다. 예배자들 간의 공동체 의식을 고양하고 싶다면 예배가 시작되고 한참 지난 어느 시점이 아니라, 예배를 시작하기에 앞서 서로 공동체임을 확인하는 시간을 갖는 것이 바람직하다. 공동 예배는 예배자들이 함께 하나님을 예배하는 시간이지, 예배자들 간의 교제나 공동체 의식 함양을 위해 무엇을 하는 시간은 아니다.

'광고' 시간에 '성도의 교제'라는 의미를 부여하려는 것은 매우 그럴듯해 보이기는 하나 바람직하지 못한 신학화라고밖에 볼 수 없다. '교제'라는 말의 잘못된 이해에서 온 것이 아닐까도 생각된다. 성도의 교제란 성도 간의 코이노니아를 말하는데, 그리스도인의 코이노니아는 '광고' 시간을 통해 교회의 공지 사항을 전하는 것으로 할 수 있는 일이 아니다. 그에 덧붙여 옆 사람과 짧은 인사를 주고받으며 할 수 있는 것은 더더욱 아니다. 같은 공간에 가까이 앉아서 한참을 예배하다가 '광고' 시간이 되어서야 서로 인사를 나누는 풍습도 좀 생뚱맞고 어색하지 않은가?

아무튼 예배를 하나님과 예배자의 코이노니아로 인식할 수는 있으나 예배자들 간의 코이노니아 시간은 아니다. 물론 우리 눈에 보이지 않는 영적인 영역에서 예배자들 간의 교통이 없다고 말할 수는 없다. 그러나 그런 교통을 위해서 예배 시간에 성도들 간에 무엇을 해야 하는 것은 아니다. 성도 간의 교제나 수평적인 교통의 실천이나 표현은 예배 중이 아니라 성도들의 매일의 삶에서 일어나야 하는 일이다.

'광고'에 예배의 수평적인 면이라든가 성도 간의 교제라는 의미를 부여하는 것은 그저 끼워 맞추기식 신학화라는 생각을 떨쳐버리기 어렵다. '광고'라는 요소가 예배에 늘 있어 왔기에 떼어 내기 어려울 만큼 익숙해져서 늘 해오던 대로 유지하고자 신학적인 의미를 부여한 것처럼 느껴진다. 신학적인 설명보다는 '합리화'라는 말이 더 맞을 수도 있지 않을까?

'광고'라는 요소는 예배 중에 우리가 원하는 무엇이든 할 수 있는 자리를 마련해 주는 참 좋은 장치로 사용되고 있다. 동시에 예배를 예배 되지 못하게 하고 매우 손쉽게 예배의 흐름을 끊어 버리게 만드는 도구다. 오래된 습관으로 인한 익숙함으로 미처 감지하지 못하고 당연시했을 수도 있지만 말이다.

'광고' 시간에 다루는 내용은 분명 성도들에게 알려져야 하고 행해져야 하는 일일 것이다. 그러니 예배 시작 전이나 마친 후에 하는 것이 적절하다. 어느 때든 관계가 없겠지만, 예배 시작 전에 하는 것이 혹 이제 시작될 예배에 방해가 될까 염려된다면 (그러니 하물며 예배 중에 불쑥 등장하는 '광고' 시간은 얼마나 심각하게 예배를 방해하겠는가?) 예배를 마치고 하면 어떨까?

'축도' 후에 '광고'를 하면 많은 사람이 광고를 듣지 않고 급히 예배당을 나선다며 꺼려 하지만(그러니 결국 실용성이나 효율성이 예배 중에 광고를 하는 이유였을까?), 그 정도의 시간조차 할애하기를 원하지 않는 사람들이라면 '광고'를 통해 전달되는 교회 소식은 그들에게는 별 관심도, 의미도 없는 일이 아닐까?

예배 요소로서의 '광고'의 부적절성에 대해 교육하고 예배 전이나 예배를 마친 후에 몇 번 '광고'를 하다 보면 우리는 또 그리 어렵지 않게 그 방법에 익숙해진다. 이미 그렇게 하고 있는 교회도 많다.

우리에게 이미 습관처럼 되어 있는 일이어도 예배다움을 거슬러 가는 일이라면 무엇이든 예배 밖으로 내보내거나 고쳐야 한다. 비단 '광고'만이 아니라 예배에 포함되는 요소라면 무엇이든 그 내용과 목적이 예배에 적절한지를 살펴보아야 한다. 그런데 이런저런 이유로 빼지 못하고 있는 실정이 안타깝다.

예배는 성부, 성자, 성령 하나님이 우리에게 행하신 일과 베푸신 은혜에 대한 우리의 응답이다. 무엇보다 하나님의 하나님 되심에 대한 우리의 응답이다. 구원받은 하나님의 자녀들이 온 마음과 뜻과 힘을 다해 함께 하나님만을 높이며 즐거워하는 예배, 하나님을 향한 감사와 찬양으로 가득한 예배, 보다 예배다운 예배를 꿈꾼다.

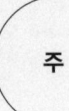

PART 1 _ 예배의 정신을 다시 생각하며

1) 존 파이퍼, 『강해의 희열』(두란노, 2019), p. 36, 61, 144, 146.

2) Donald P. Hustad, *Jubilate II*, p. 104.

3) Marva Dawn, *A Royal Waste of Time*, p. 11.

4) D. A. Carson, *Worship by the Book*, p. 34.

5) John Piper, *Let the Nation Be Glad!: The Supremacy of God in Mission*, p. 15.

6) Raymond Fung, *The Isaiah Vision: An Ecumenical Strategy for Congregational Evangelism*, p. 13-14.

7) *Constitution on the Sacred Liturgy*, p. 14.

PART 2 _ 예배의 실제를 다시 생각하며

1) Bard Thompson, *Liturgies of the Western Church*, p. 168-169.

"예배는 우리의 문제를 하나님께 가져오는 시간이 아니다.
오히려 우리의 문제가 하나님의 다스리심 아래 있음이 선포되는 시간이다.
그래서 기쁨과 감사로 응답하는 시간이다!"

사명선언문

너희가 흠이 없고 순전하여……세상에서 그들 가운데 빛들로
나타내며 생명의 말씀을 밝혀 _ 빌 2:15-16

1. 생명을 담겠습니다
만드는 책에 주님 주신 생명을 담겠습니다.
그 책으로 복음을 선포하겠습니다.

2. 말씀을 밝히겠습니다
생명의 근본은 말씀입니다.
말씀을 밝혀 성도와 교회의 성장을 돕겠습니다.

3. 빛이 되겠습니다
시대와 영혼의 어두움을 밝혀 주님 앞으로 이끄는
빛이 되는 책을 만들겠습니다.

4. 순전히 행하겠습니다
책을 만들고 전하는 일과 경영하는 일에 부끄러움이 없는
정직함으로 행하겠습니다.

5. 끝까지 전파하겠습니다
모든 사람에게, 땅 끝까지, 주님 오시는 그날까지
복음을 전하는 사명을 다하겠습니다.

서점 안내

광화문점	서울시 종로구 새문안로 69 구세군회관 1층 02)737-2288 / 02)737-4623(F)
강남점	서울시 서초구 신반포로 177 반포쇼핑타운 3동 2층 02)595-1211 / 02)595-3549(F)
구로점	서울시 동작구 시흥대로 602, 3층 302호 02)858-8744 / 02)838-0653(F)
노원점	서울시 노원구 동일로 1366 삼봉빌딩 지하 1층 02)938-7979 / 02)3391-6169(F)
분당점	경기도 성남시 분당구 황새울로 315 대현빌딩 3층 031)707-5566 / 031)707-4999(F)
일산점	경기도 고양시 일산서구 중앙로 1391 레이크타운 지하 1층 031)916-8787 / 031)916-8788(F)
의정부점	경기도 의정부시 청사로47번길 12 성산타워 3층 031)845-0600 / 031)852-6930(F)
인터넷서점	www.lifebook.co.kr